KB062240

사람의 마음을 읽는 법

사람의 마음을 읽는 법

가장 쉽게 인간을 이해하는 도구, 심리검사

박소진 지음

p s y c h o l o g i c a l   e x a m i n a t i o n

심리검사는 심리학의 이론을 근거로 해서 만들어졌으며, 각각의 검사들을 통해 개인의 인지·정서·행동 등 다양한 측면을 객관적이면서도 체계적으로 이해할 수 있도록 돕는 도구다. 따라서 오랜 시간에 걸쳐 이론과 현장에서 전문가가 되기 위해 노력해야만 인간에 대한 정확한 평가가 가능하다. 그렇기 때문에 전문가들만의 영역으로 치부되고 진입 장벽이 높았던 것도 사실이다.

이 책은 전문가들뿐만 아니라 심리학에 관심을 가지고 입문하고자 하는 많은 사람들이 알기 쉽게 심리검사에 대한 개념부터 정리했기에 초심자들에게 꼭 필요한 책이 아닌가 생각이 들어 일독을 권하는 바다.

_정진복 교수, 고려대학교 임상심리 박사

이 책은 임상 및 상담심리학자들이 현장에서 쉽게 적용할 수 있도록 도움을 주는 심리검사와 심리평가 교재다. 저자는 오랜 상담 경험을 통해 임상 현장에서 가장 많이 사용되고 신뢰되는 지능검사·성격검사 등을 골라 누구에게, 언제, 어떻게 사용해야 하는지를 구체적으로 알려주고 있다. 심리검사를 배우고자 하는 사람들의 필독서로 권장하고 싶다.

_이상민 고려대학교 교육학과 상담전공 교수

최근 우리나라를 충격에 휩싸이게 만든 '부천 초등학생 토막살인 사건' '영이 사건' '여중생 미이라 사건' 등을 보면서 '도대체 어떻게 부모가 그럴 수 있을까? 어떤 환경 속에서 살아왔기에 그런 부모가 되었을까?'라는 생각을 했다. 만약 이 부모들이 어떠한 인격과 어떠한 성격을 지닌 사람이었는지 우리 사회가 파악하고 있었더라면 이런 끔찍한 사건들은 막을 수 있지 않았을까? 만약 이 부모들이 스스로에 대해서 좀 더 명확하게 알고 있었더라면 가족의 운명이 달라질 수 있지 않았을까?

이런 물음들을 스스로에게 던져보면서 심리검사의 중요성을 다시금 생각하고 있을 때 박소진 선생님으로부터 이 책을 받게 되었다. 박소진 선생님은 다양한 책들을 발간해오면서 활발한 연구 활동 및 임상 활동을 겸하고 있는 유능한 인지치료사다. 이번 박소진 선생님의 『사람의 마음을 읽는 법』은 심리검사에 대한 총체적 정보를 습득하고 이해하는 데 아주 유용한 교과서가 될 것이라 생각된다. 이 책은 심리검사와 심리평가의 차이점을 알려주고 있으며 동시에 종합적인 심리검사로써 다각적 접근을 해야 함을 강조하고 있다. 더불어 각 개별 검사들의 특성과 평가시 유의점을 친절하게 설명해주고 있다.

이 책을 통해서 심리검사에 대해 깊이 있는 이해가 이루어질 수 있기를 바라며, 많은 사람이 자신을 이해하고 진정한 '나'를 찾아가기를 바라는 마음에서 이 책을 추천하고자 한다.

_이정숙 한양대학교 아동심리치료학과 교수

박소진 소장과는 상담 연구사업을 통해 인연을 맺게 되었다. 박 소장의 탁월한 꼼꼼함과 열정은 2회에 걸친 연구사업의 결과물만으로도 충분히 인식할 수 있었는데, 이 책을 통해서 다시금 그의 탁월함에 놀랄 뿐이다. 상담자 양성을 위한 교육 현장에서 가르치는 자로서 이론적 접근보다는 실제 현장에서의 경험을 바탕으로 한 교재가 무엇보다 필요함을 느끼던 차에 박 소장의 이 책은 나에게 갈증해소를 위한 청량음료와 같은 의미로 다가왔다. 이 책은 심리검사에 대한 기초지식을 다루고 특정검사의 구성·내용·실시법·해석법 등을 구체적으로 설명하고 있다. 또한 심리검사에 대한 지식에 편중되기보다는 임상현장에서 경험한 사실을 기초로 실제적인 심리검사 이야기를 다루고 있다는 점에서 매우 유익한 책이라고 할 수 있다. 임상경험을 기초한 심리검사의 실용서이자 안내서라고 말할 수 있는 이 책이 독자들에게 널리 읽혀 저자의 열정이 헛되지 않기를 간절히 바라며 박 소장님의 열정에 다시 한번 아낌없는 박수를 보낸다.

_상담교육현장에서 한 독자

내 마음의 보석상자를 찾아서

"심리검사는 인간을 이해하는 데 필요한 가장 강력한 도구다."

수십 년간 구두를 닦아온 구둣방 사장님은 그 사람이 걷는 자세나 구두 굽의 어디가 닳았는지만 보아도 그 사람의 성격이나 됨됨이를 파악할 수 있다는 얘기를 들은 적 있다. 이 구둣방 사장님은 오랜 기간 누적된 자신만의 노하우와 경험을 통해 사람에 대한 인상과 정보를 처리함으로써 예리한 통찰을 이끌어낸 것이다. 그러나 이런 놀라운 능력이나 경험들을 지지하는 논리적이고 이론적인 근거를 찾기는 어렵다.

그러나 심리검사는 심리이론과 임상경험을 바탕으로 만들어졌기 때문에 그 결과를 믿고 신뢰할 수 있다. 심리검사의 도구들은 제작되는 데 수년 이상의 시간이 걸리며, 이 검사를 실시하고 평가하는 전문가도 오

라벤의 행렬추리 검사 카드 가방

자료: 줄리안 로덴스타인, 『사이코북』(2017, 파라북스)

랜 시간의 교육과 훈련을 받으며 인고의 과정을 통해 만들어진다. 즉 심리검사라는 도구는 마법의 상자가 아니고 심리검사 전문가도 마술사가 아니다.

이런 일련의 검사 결과를 통해 피검자를 이해하고 필요에 따라 치료계획을 수립하고 그에 따라 치료를 하게 된다. 심리검사들은 다양하며 각각 측정하는 내용도 다르다.

검사를 통해 피검자가 가지고 있는 성격·지능·적성·심리적 문제뿐만 아니라 피검자 자신도 모르는 문제들이 드러나게 된다. 이에 근본적인 문제해결에 대한 방안을 강구하게 되고 많은 문제가 해결되는 과정들을 보면서 희열을 느낄 때도 많았다. 심리학 관련 분야에 있는 사람 중에서도 심리검사의 중요성을 폄하하는 경우도 종종 있지만, 객관적·종합적·체계적인 평가와 판단 근거를 가지고 있으면서 이를 통해 좀 더 나은 삶을 살 수 있도록 도와줄 수 있다면 굳이 마다할 필요는 없을 것이다.

이 책에서는 종합심리검사에서 주로 사용되는 MMPI, SCT, 그림검사, BGT, 지능검사를 위주로 이해하기 쉽게 정리하려고 했다. 대표적인 투사검사인 로르샤흐검사와 TAT 등에 대해 자세히 다루지 못한 것이 아쉽지만, 다음에 기회가 된다면 이 검사들에 대해서도 소개할 수 있기를 바란다. (여기에 나오는 사례나 그림 등은 피검자들의 개인정보 보호를 위해 각색되거나 새롭게 그려졌다.)

『처음 시작하는 심리검사와 심리평가』가 출간된 지 5년이라는 시간이 흘렀고 그동안 지능검사가 5까지 표준화되는 등 개정의 필요성이 있어 새롭게 책을 쓰려고 한다. 초보자들이 쉽게 이해하기 위해 쓴다고 했지만 그럼에도 불구하고 여전히 어렵다는 사람들이 있어서 개념 위주로 더 쉽게 쓰려고 노력했다.

20여 년 동안 현장에서 아동·청소년 및 성인들의 심리검사와 상담을 해오면서 심리검사의 중요성을 무엇보다도 실감하고 있는 터이기에 이 책이 보다 많은 사람에게 소개되어 조금이라도 도움이 되기를 바란다.

이 책이 나오도록 도움을 주신 여러분들에게 감사의 뜻을 전한다. 추천사를 써주신 이정숙 교수님, 이상민 교수님, 정소령 님께 감사의 말씀을 전하며, 이제 고인이 되신 정진복 교수님의 명복을 빌며 감사하다는 말씀을 드리고 싶다.

박소진

차례

PART 01

심리검사란 무엇인가?

PART 02

심리검사를 시작해보자, BGT와 그림검사

PART 03

MMPI와 SCT, 제대로 이해하기

PART 04

지능검사, 제대로 이해하기

오랜 세월을 함께 살아온 가족조차 가끔 전혀 모르는 부분이 존재하기도 하고 오랜 친구나 지인에게 속거나 배신을 당하면서 사람은 겪어봐야 안다고들 말한다. 심리검사는 이런 사람의 심리와 개개인의 특성을 단 몇 시간 만에 측정할 수 있게 해주니 얼마나 대단한 도구인가. 게다가 심리검사는 개인의 심리 특성을 파악해 좀 더 나은 삶을 살아가는 데 도움이 된다.

심리검사란
무엇인가?

심리검사와 심리테스트는 다르다

심리검사라고 하면 보통 사람들은 재미 삼아 하는 '심리테스트'를 떠올릴지도 모르겠다. 그러나 대부분의 심리검사는 오랜 기간 임상장면에서 활용되어 그 신뢰도와 타당도가 입증된 것들이다. 필자가 재미 삼아 하는 심리테스트 하나를 소개해보겠다.

당신은 5마리의 동물을 데리고 있다. 그 동물은 소, 양, 말, 원숭이, 사자다. 당신은 이 동물들을 데리고 사막을 지나가야 한다. 그러나 안타깝게도 동물들을 모두 데리고 갈 수 없어 한 마리씩 버려야 하고 마지막으로 한 마리만 데리고 갈 수 있다. 어떤 동물부터 버리겠는가?

5마리 동물은 각각 상징하는 것이 있다. 소는 재산, 양은 애정, 말은

직업, 원숭이는 가족, 사자는 자존심을 상징한다고 한다. 얼핏 그럴듯하게 들리기도 하지만 어디까지나 재미 삼아 하는 것일 뿐, 이에 대한 이론적 근거는 없다. 즉 이 심리테스트는 신뢰할 수도 없고, 이 테스트가 측정하는 바가 무엇이며, 과연 그 목적에 맞게 측정하고 있는지도 불분명하다.

심리학

심리학이라는 학문이 체계화된 학문으로 정립된 지 100여 년이 되었고 우리나라에 소개된 지도 50여 년이 흘렀다. 심리학은 다른 학문과 견준다면 역사가 짧은 편이지만, 짧은 역사에 비해 비약적인 발전을 이루었다.

심리학은 마음 심(心), 이치 리(理), 배울 학(學), 즉 마음의 이치를 다루는 학문이다. 영단어 psychology는 영혼을 의미하는 'psyche'와 학문을 의미하는 'logos'가 결합한 것으로 '마음을 다루는 학문'이다. 심리학은 인간을 이해하고 개개인의 삶을 향상시켜주기 위해 행동과 정신 과정을 연구하는 학문*이다. 즉 마음을 연구하는 학문으로 그 '마음'이라 함은 감정, 생각, 기억 등이 생겨나는 곳으로 사람의 내면으로부터 일어

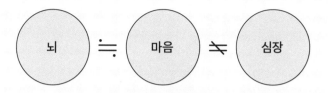

- 생각·사고: '대뇌피질(신피질)'과 관련
- 정서: 변연계에 있는 '편도체'와 관련
- 기억: '해마'와 관련

나는 감정이나 심리를 말한다.

흔히 사람들이 마음은 심장 어딘가에 있는 것으로 생각하는 경향이 있는데 '가슴이 아프다, 쓰리다'는 표현이 그런 생각을 반영한다. 정서는 심박수, 혈압, 호르몬 분비 등과 같은 생리적 변화를 포함하는데 좋아하는 사람을 보면 심박수가 상승하고, 싫어하는 사람을 만나면 혈압이 상승한다. 그러나 마음은 좀 더 깊은 뇌와 관련이 되어 있는 것으로 보인다. 생각과 사고는 대뇌피질(신피질)과 정서는 변연계(편도체)와 기억은 해마와 관련이 있는 것으로 알려져 있다.

심리학은 뇌생리학, 감각과 지각, 기억, 동기와 정서, 언어와 사고, 성격, 지능, 행동, 스트레스 등 인간과 관련된 매우 다양한 분야와 내용들을 다룬다. 심리학은 행동과 정신 과정을 과학적인 방법을 통해 연구하는

● 윤가현 외, 『심리학의 이해』, 학지사, 2012

심리학은 과학이다?

심리학은 철학에서 출발해 과학적인 방법을 통해 새로운 학문으로 거듭났다.

학문임을 강조한다. 심리학은 철학에서 출발했으되 과학적인 방법을 통해 새로운 학문으로 거듭날 수 있었다.

　심리학에는 다양한 분야가 있지만 크게 이론심리학과 응용심리학으로 분류할 수 있다. 대표적인 이론 심리학에는 발달심리·사회심리·성격심리·인지심리·학습심리·생리심리·실험심리 등이 있고, 응용심리학에는 임상심리·상담심리·교육심리·산업심리·광고심리·건강심리 등이 있다.

임상심리학

임상심리학은 대표적인 응용심리학에 해당한다. 응용심리학(applied psychology)은 심리학적 이론과 발견들을 상담·교육하며, 산업 관계 등 일상적인 생활에서 특별한 문제들을 다루는 심리학 분야들을 지칭하는 용어다.[*] 임상심리학은 인간의 정서나 행동의 문제를 진단하고 치료하는 데 심리학적 원리를 적용하는 것이다(예를 들어 BGT는 형태심리학의 원리를 기반으로, MBTI는 융의 유형론을 근거로 개발되었다).

많은 사람이 임상심리학이 무엇을 연구하는 학문인지에 대해서 궁금해하는데, 그 이유 중 하나가 '임상'이라는 용어가 생소함에서 비롯된다고 생각한다.

'임상'은 현장에서 환자를 돌본다는 의미로, 임상의학적 모델을 심리학에 도입한 것이다. 임상심리 전문가는 정신병리나 이상행동을 치료하기 위해 임상장면에서 심리검사를 실시하고 평가하며, 주로 정신병원 등에서 정신이상이나 행동장애의 진단과 치료를 중심으로 활동하는 전문가들이다. 이에 비해 상담심리 전문가들은 상대적으로 가벼운 성격 문제나 대인관계의 부적응, 진로 문제 등을 다루며 주로 학교, 기업체, 관공서, 군대 등 사회단체 등에서 활동한다.[**]

임상심리 전문가가 되기 위해서는 관련 학과를 졸업하고 정신과 등에서 3년 정도의 수련을 받아야 하고, 상담심리 전문가가 되기 위해서는 관련학과 석사를 졸업하고 개인 슈퍼비전 등을 3년 정도 받아야 한다. 자세한 내용은 임상심리학회(kcp.or.kr)나 상담심리학회(krcpa.or.kr) 홈페이지를 확인하기를 바란다.

• 데이비드 스탯 저/정태선 역, 『심리학 용어사전』, 끌리오, 1999
•• 윤가현 외, 『심리학의 이해』, 학지사, 2012

임상

▸ '임상'이라는 말은 '임상의학'에서 비롯된 용어로, 임상의학이란 인간의 질환에 대해 의학적 모형(medical model) 혹은 질환모형(disease model)에 의한 치료적 개입을 통해서 환자의 질환 상태를 호전시키려고 시도하는 의학

▸ 임상이란 환자의 질환을 직접적으로 보살핀다(care)는 것을 의미하며 임상장면이란 임상적 접근을 시도하는 장면을 의미

▸ 임상심리학은 심리학적 원리와 방법을 적용해 개인의 적응적 및 심리적 문제를 이해하고 해결하려고 시도하는 심리학의 한 분야

▸ 정신의학은 근본적으로 질환모형에 따라 정서장애나 정신질환을 치료하는 의학의 한 분야

▸ 정신의학은 임상심리학과 가장 밀접한 관계에 있는 인접 과학이며 정서장애나 적응장애와 같은 심리적 문제에 대한 접근방법도 임상심리학과 매우 유사[•]

• 김영환, 『임상심리학 원론』, 하나의학사, 1993

심리검사

심리검사(psychological test)는 성격, 지능, 적성, 정서적·심리적 측면 등 인간의 다양한 특성에 대해 파악하고자 여러 가지 도구를 이용해 이런 특성들을 양적·질적으로 측정하고 평가하는 절차다. 이를 통해 우리는 개개인이 가지고 있는 독특한 측면들을 파악할 수 있다. 여기서 중요한 개념은 심리검사는 '개인에 대한 진단과 평가를 위한 도구'이며 절차라는 것이다.

인간의 심리는 자연과학처럼 직접 관찰하고 측정하는 것이 불가능하다. 그래서 간접적인 방법을 통해 그 특성을 파악할 수밖에 없다. 인간의 심리적인 행동은 한 개인이 가지고 있는 고유한 특성이기에 개인차가 존재한다. 오랜 세월을 함께 살아온 가족조차 가끔 전혀 모르는 부분들이 존재하고, 오랜 친구나 지인에게 속거나 배신을 당하면서 사람은

열 길 물속은 알아도 한 길 사람 속은 모른다

과거를 탐색하고 있는 환자에 귀 기울이는 정신분석가

©줄리안 로덴스타인, 「사이코북」(2017, 파라북스)

뉴욕 정신분석 연구
치료센터(1956)

겪어봐야 안다고들 말한다. 심리검사는 이런 사람의 심리와 개개인의
특성을 단 몇 시간 만에 측정할 수 있게 해주니 얼마나 대단한 것인가. 이
런 고유한 특성과 개인차를 정확하게 측정하기 위해 심리검사가 필요한
것이다.

이때 중요한 것은 이 심리검사가 심리검사로서 충분한 역할을 하고
있는가이며, 검사의 측정치는 신뢰도 및 타당도와 관련이 있다. 여기서
말하는 신뢰도는 그 검사가 얼마나 신뢰할 수 있는지 아닌지로 여러 번
반복 측정해도 일관성 있는 결과가 나오는지를 의미한다. 타당도는 심
리검사가 측정하려고 하는 것을 충실히 재고 있는지를 보는 것이다.

심리평가
심리검사가 다양한 검사들을 표준화된 실시 방법과 절차를 거쳐 결과물

구슬이 서 말이라도 꿰어야 보배다

을 얻는 것이라면, 전문가가 이 결과물을 종합해 해석하는 과정을 거치
는 것이 심리평가(psychological assessment)다. 심리검사도 전문적인 훈
련을 받은 인력을 통해 이루어지지만, 검사 결과를 해석하는 것은 좀 더
전문성을 요한다. 각각의 검사들은 해석에 대한 지침과 가치가 다르다.

　　BGT나 그림검사, MMPI, 지능검사, SCT나 로르샤흐(Rorschach)검
사는 각각 측정되는 부분이 다르고, 실시나 채점방식, 해석 등을 하기 위
해서는 오랜 기간 숙련되어 있어야 가능하다. 특히 양적·질적 분석을 포
괄하는 전체적이고 통합적인 해석을 하기 위해서는 많은 시간과 노력이
필요하다. 심리검사와 심리평가는 대개 학부에서 심리학을 전공하고 대
학원에서 관련 전공 석사 과정을 밟고 정신과 등에서 수년 이상의 수련
과정을 거친 사람들을 통해 이루어진다.

　　심리검사를 통해 추출된 검사 결과를 해석하는 것은 높은 전문성을

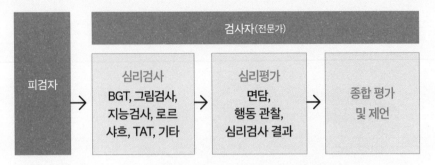

요하는 과정이다. 그렇기에 심리평가를 하기 위해 큰 노력과 시간을 들여야만 전문가가 되는 것이다. 본서에서는 심리검사와 심리평가를 '심리검사'로 통칭하고자 한다.

객관적 검사

객관적 검사(objective test)는 전문가에 의해 통제된 상황에서 표준화된 방식과 절차에 따라 실시하는 검사다. 검사의 실시와 해석이 투사적 검사에 비해 간편하고 신뢰도와 타당도가 검증되어 있고 검사자나 검사 상황의 변화에 영향을 적게 받기 때문에 개인과 개인 간에 비교가 가능하다.

　객관적 검사로는 MMPI나 MBTI와 같은 검사를 대표적으로 꼽을 수 있다. MMPI는 기업이나 군대에서도 널리 사용되고 있고, MBTI는 다양한 계층과 분야에서 두루 사용되고 있다. 두 검사 모두 다수의 문항으로 이루어져 있고, 피검자는 각 문항마다 자신에게 적합하다고 여겨지는

객관적 검사 종류

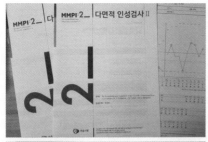
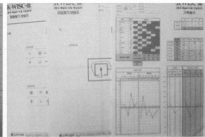

객관적 검사로는 MMPI나 MBTI와 같은 검사를
대표적으로 꼽을 수 있다.

것에 응답하면 된다.

　그러나 객관적 검사는 피검자들이 자신의 의도에 따라 반응을 어느
정도 조작할 수 있고 양적(수량화, 즉 수로 나타낼 수 있다는 의미)인 면에 치
우쳐 있기 때문에 개개인에 대한 보다 깊이 있는 접근이 어렵다.

투사적 검사

투사적 검사(projective test)는 개개인의 심리 특성을 보다 다양하고 깊
이 있게 파악하기 위한 비구조적인 검사다. 모호하고 애매한 자극을 제
시함으로써 피검자의 자유로운 표현을 유도하기 때문에 독특하고 다양
한 반응이 도출될 수 있다. 이런 자유롭고 다양한 반응들이 피검자를 이

해하는 데 풍부한 자료를 제공한다. 또한 자극이 모호해 무엇을 측정하려는지 알기 어렵기 때문에 피검자가 방어하기 어렵고, 평소에 의식화되지 않던 사고나 감정이 자극됨으로써 무의식적인 개인의 심리 특성이 나타날 수 있다. 하지만 신뢰도와 타당도를 객관적으로 검증하기 어렵다는 단점이 있다.

어린 시절 하늘에 떠 있는 구름을 보고 그 구름의 모양이 무엇인지 알아맞히는 놀이를 한 적이 있다. 어떤 친구는 뭉게구름을 보고 솜사탕이라고 할 수 있고, 어떤 친구는 토끼로, 어떤 친구는 불이나 연기가 피어오르는 것이라고 말하기도 한다.

이처럼 보는 사람마다 불특정한(구름) 모양에 대해 지각하고 반응하는 양상은 달라질 수 있다. 지각은 감각기관을 통해 들어온 정보를 뇌에서 처리하고 해석하는 과정이 포함된다.

그런데 다른 사람들이 보는 것과 비슷한 양식으로 지각하는 경우와 그렇지 않은 반응을 보이는 경우에는 그 이면에 깔린 심리적 특성이 다

로샤 검사

르다고 할 수 있다. 주로 사람들과 다르게 지각하고 반응하는 경우, 지각 상의 왜곡이 있을 수 있고 그래서 부적절하게 반응할 수 있다.

구름을 예로 들자면 다른 친구들은 솜사탕이나 토끼라고 지각하는 데 한 친구만 불이나 연기라고 대답했다면, 이 친구의 경우 이면에 해소 되지 않은 분노감이 내재되어 있으나 이를 모호하게 지각하고 있다가 문제 상황에서 부적절하게 표출할 가능성이 있다. 이를 객관적으로 검 증하기는 어렵다는 문제가 있지만, 로르샤흐와 같은 검사들은 오랜 임 상 사례들을 통해 축적된 내용을 근거로 이런 가설을 제시한다.

투사적 검사를 이해하기 위해서는 '투사(projection)'의 의미에 대해 서 알아둘 필요가 있다. 투사는 정신분석학의 고유한 의미로 주체가 자 기가 모르거나 거부하는 특성·감정·욕망 등을 자기 밖으로 추방해 타자 (사람이나 사물) 속에 위치시키는 작용을 가리킨다.[*] 이런 투사는 아주 오 래되고 원시적인 방어(기제)로 비적응적으로 간주된다.

감각(Sensation)

▸ 환경에 존재하는 물리적 자극을 특정 신경세포 내에서 전기화학적 신호
로 변화시켜 뇌에 전달하는 지각 과정의 초기 단계로 뇌에 보내도록 특
수화된 세포와 조직 및 기관을 갖춤
[예] 물리적 자극을 있는 그대로 뇌에 전달할 수 없기 때문에 불가피하게
전기화학적 신호로 변화시킨다. 팩스를 보낼 때 그 종이가 그대로 전달
되는 것이 아니라 다른 신호로 전환되어 수신인의 팩스로 전달되고 팩스
는 그 신호를 받아 다시 종이에 내용을 인쇄해 정보를 전달한다(이미지=
종이 → 팩스 → 다른 신호로 전환 → 상대방 팩스 → 받은 신호를 받아 종이에 인쇄).

지각(Perception)

▸ 초기 감각 신호가 어떤 대상에 대한 정신적 표상(representation)을 형성
하기 위해 사용되어 인식되고 기억에 저장되며 사고와 행동에 사용되는
후반 단계
▸ 감각과 지각 간에 분명한 경계선이 없고 감각과 지각, 지각과 인지 사이
에 명확한 구분이 없음

• 장 라플랑슈·장 베르트랑 퐁탈리스 공저/임진수 역, 『정신분석 사전』, 열린책들, 2005

투사와 영사기

투사는 영사기에 의
해 쏘아진 화면을
통해 내용을 인식하
는 것과 같다.

"똥 묻은 개가 겨 묻은 개 나무란다."라는 옛 속담은 이런 투사의 속성을 잘 대변해준다. 실제로 우리는 자신 안에 있는 욕망을 다른 사람에게 투사시키면서 이유 없이 그 사람을 미워하고 싫어하는 경우를 종종 보게 되는데, 이것은 투사와 관련이 있다.

투사를 원시적이고 미성숙한 기제라고 하는 이유는 유머나 승화와 같은 방어기제와 비교해보면 알 수 있다. '승화'는 사회적으로 수용될 수 있는 범위 내에서 자신의 욕구나 충동을 표출하는 것인데, 성적인 욕구를 예술 작품으로 표현하는 것이 대표적인 예다. '유머'는 불쾌한 감정을 웃음으로 희화화하는 것으로 화가 나고 짜증 나는 상황을 유머를 통해 유쾌한 상황으로 바꿀 수 있다. "당신 수의사지?"라며 조롱하는 사람에게 "어디가 아프신지요?"라고 응수하면서 상황을 반전시키는 것도 그 예가 될 수 있다.

심리검사가 필요한 이유

한 아동이 치료받기 위해 필자가 운영하던 연구소에 내원했다. 아동의 상
태를 살펴보니, 학습장애가 의심되었고 특히 읽기와 쓰기에 어려움이 있는
듯 보였다. 아동의 어머니에게 이야기해 아동의 상태를 좀 더 명확하게 평
가하기 위한 심리검사를 실시했고, 검사 결과는 아동의 어려움을 그대로
드러내고 있었다. 기본적인 잠재 능력을 보여주는 소검사들은 모두 정상
수준 이상의 수행을 보여주었지만, 몇몇 특정 소검사들은 지적장애 수준의
수행을 보여줬다.

이런 부분들을 어머니에게 상세히 설명하니, 어머니도 고개를 끄덕이면서
아이에 대해 그동안 이해하지 못했던 점들을 이해할 수 있게 되었다면서
한편으로 마음이 가볍다고 했다. 평상시 아동을 보면 머리가 나쁜 것 같지
는 않은데 학업 성적이 너무 안 좋아서 어머니는 아이가 일부러 공부를 안

한다고만 생각하고 아이에게 화내고 윽박질렀는데 그것이 후회된다고 말했다. 현재 이 아동은 공부 외에 열심히 운동을 배우고 있다.

이 아동의 경우처럼 평균 정도의 지능 혹은 이를 상회하는 지적수준임에도 불구하고 학습장애나 ADHD(Attention Deficit Hyperactivity Disorder, 주의력결핍 과잉행동장애)와 같은 문제를 가진 아이들은 부주의하고 노력하지 않는 게으른 아이로 평가절하되기 쉽다. 그들은 종종 자신들의 의도와 다르게 지적받고 비난을 받음으로써 상처받고 좌절감에 빠지게 된다. 이처럼 심리검사는 피검자의 인지적·정서적인 상태를 명확히 파악하게 해주기 때문에 적절한 치료적 개입 계획을 세우는 데 필수다.

심리상담은 다음과 같은 절차로 이루어지고 심리검사는 대개 상담 초기에 진행된다.

심리상담 절차

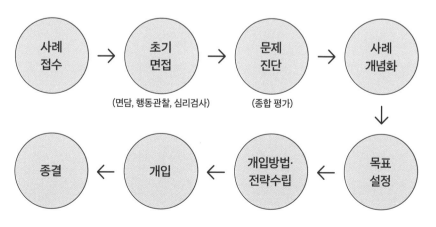

가끔 검사비가 비싸다는 이유로 심리검사를 하기 꺼리는 사람들이 있다. 전문가라면 한눈에 보고 알 수 있지 않으냐면서 괜한 비용을 낭비하지 않고 치료적 개입으로 바로 들어가기를 바라는 것이다. 그러나 지름길을 놔두고 굳이 돌아갈 필요가 있을까. 검사비를 아끼는 것은 몸이 아픈 사람이 어디가 어떻게 아픈지, 왜 아픈지 그 원인을 알려고 하지 않고 통증만 사라지면 된다면서 의사의 진료를 받지 않고 약을 먹는 것만큼이나 어리석은 행동이라는 것을 명심할 필요가 있다.

심리검사의 종류

심리검사는 도구의 구조화 여부에 따라 객관적 검사와 투사적 검사로 구별할 수 있다. 구조화되어 있다는 것은 얼마나 구체적인 틀을 가지고 있느냐를 말한다. 객관적 검사로 대표적인 MBTI(Myers-Briggs Type Indicator, 성격유형검사)를 예로 들어보자.

이 검사는 94개의 문항으로 이루어져 있고, 2~3개의 답 중 자신에게 가깝다고 생각되는 문항을 선택하도록 한다. 정답이 존재하는 것이 아니기 때문에 너무 오래 생각하거나 의식적으로 답하는 것보다는 편안하게 자신이 자주 느끼고 행동하는 쪽으로 답하면 된다. 채점 과정이나 해석에 규준이 구체적으로 명시되어 있다.

MBTI 문항의 예

1. 나는 대체로 _____

(A) 수다스러운 편이다.

(B) 조용하고 수줍은 편이다.

MBTI는 분석심리학자 융의 유형론을 근거로 캐서린 브릭스(Katharine Briggs)와 이사벨 마이어스(Isabel Myers), 피터 마이어스(Peter Myers), 3대에 걸쳐 연구·개발한 성격유형검사다. MBTI는 세계에서 가장 널리 사용되는 심리검사 중 하나다.

사람들은 저마다 선호하는 경향성을 타고난다. 왼손을 자주 쓰냐 혹은 오른손을 자주 쓰냐처럼 너무나 일상화되어서 거의 무의식적·습관적으로 사용하는 것과 같은 것이 선호 경향성이며, MBTI에서는 4가지의 선호지표를 제시한다.

개개인에 따라 4가지 중 하나의 선호지표가 있으며 이를 조합하면 16가지의 성격유형이 나온다. 이 검사를 통해서는 어떤 사람이든 16가지 유형 중 하나에 속하게 된다. 그러나 모든 사람이 16가지 유형으로 나뉜다는 것에는 여러 문제가 있을 수 있다. 예를 들어 같은 유형에 속한다고 하더라도 그 안에 포함된 사람들의 개인차가 무시될 수 있다. 즉 모든 사람은 16가지 유형으로 일률적으로 분류하고 각 유형에 속한 사람들을 동일한 특성을 가진 사람으로 간주한다는 것에 문제가 있을 수 있다.

MBTI 4가지 선호지표에는 외향과 내향, 감각과 직관, 사고와 감정, 판단과 인식이 있다.

MBTI 16가지 유형별 별명 및 특성 요약

ISTJ (검사) 현실적이고 합리적인 행동유형	ISFJ (보호자) 자상하고 신중한 현실주의자	INFJ (상담가) 자상한 공감 능력과 통찰력 소유자	INTJ (기획자) 분석·논리적인 상상력 소유자
ISTP (장인) 현실·논리적인 현실적응 능력자	ISFP (작곡가) 구체적이고 자상한 감성 소유자	INFP (치유자) 이상주의적인 감성 소유자	INTP (설계자) 상상을 논리적으로 푸는 합리주의
ESTP (프로모터) 분석적이고 현실적인 활동가	ESFP (연기자) 감성을 구체화하는 행동주의자	ENFP (챔피언) 열정적인 변화 추구자	ENTP (발명가) 합리적인 변화 추구자
ESTJ (감독관) 현실적·합리적인 공정무사한 일꾼	ESFJ (부양자) 현실적이고 자상한 관계 추구자	ENFJ (교사) 이상주의적인 공감 능력 소유자	ENTJ (사령관) 가능성을 합리적으로 판단하는 활동가

자료: www.keirsey.com

흔히 우리는 '외향적이다' '내향적이다'라는 표현을 자주 한다. 외향적인 사람들은 사교적이고 활발하며 나서기를 좋아하는 성격으로 인식되고, 내향적인 사람들은 수줍고 소심하다는 인상을 준다.

그러나 이러한 인상들은 내향성과 외향성의 지엽적인 특징만을 나타낼 뿐이다. 중요한 것은 외향과 내향의 선호 경향성에 있다. 즉 에너지의 방향이 외부에 있는가(외향), 에너지의 방향이 내부에 있는가(내향)에 달려 있으며 관심의 초점이 어디로 향하는가가 중요한 근거가 된다. 따라서 단순히 활발하다, 그렇지 않다로 구분하기 어렵고, 특히 내향성을 소심하고 성격적으로 이상하다고 생각하는 것에도 문제가 있다.

필자도 내향적인 성격으로, 주로 혼자서 사색하거나 작업하는 것을 선호한다. 사람이 많은 모임에 가기도 하고, 때로는 새로운 사람을 만나는 것을 즐기기도 하고, 또는 사람들 앞에서 강의도 하지만 이런 외적인 활동이 많아지면 쉽게 지친다. 그래서 다시 나만의 공간에서 휴식을 취해야 한다. 필자가 글쓰기를 선호하는 이유도 직접적인 의사소통보다는 간접적인 소통이 편하기 때문이다. 반대로 외향성의 사람들은 친목 도모나 모임 등을 활발하게 하며, 이런 외부 활동을 통해 에너지를 얻는다. 이들은 직접적인 소통에 불편감을 느끼지 않는다.

감각과 직관은 인식기능에 따라 분류될 수 있다. 감각은 오감(시각·청각·후각·미각·촉각)에 따라 인식하기 때문에 매우 구체적이고 현실적인 특징을 가진다. 반대로 직관은 육감 또는 영감에 의존하기 때문에 추상적이고 모호한 특성을 가진다. 직관은 눈에 보이지 않고 그 개념을 설명하기도 어렵지만 분명 우리가 알고 인식하고 있는 그 무엇(?)이다.

INTP

필자의 경우를 예를 들어 16가지 성격유형 중 하나를 설명하면 다음과
같다.

조용하고 과묵하며 문제를 논리적이고 분석적으로 해결하는 것을 좋아
한다.

- 장점: 조용하고 과묵하지만 관심이 있는 분야에 대해서는 말을 잘한다.

  지적 호기심이 강하고 이해력이 빠르다.

  높은 직관력을 지니고 있으며 통찰력이 뛰어나다.

  매우 분석적이고 논리적이며 객관적인 비평을 잘한다.

- 단점: 어떤 아이디어에 몰입해 주위에서 돌아가고 있는 일을 모를 때가
  있다.

  지나치게 추상적이고 비현실적이다.

  사교성이 부족한 편이다.

  때로는 자신의 지적 능력을 은근히 과시하는 경향이 있다.

자료: MBTI

이 결과는 필자가 심리학을 전공하면서 지금까지 살아온 패턴에 대해 어느
정도 설명해주고 있다. 내향적이고 직관적이며 통찰력이 강한 면모는 심
리상담을 하기에 매우 적합한 성격 특성이라고 할 수 있다. 그리고 내담자
와 상담할 때 매 순간 탄력적으로 반응하고 융통성을 발휘해야 한다는 면

에서 구체적인 틀이나 지침을 가지고 움직이는 조직사회와는 맞지 않지만, 상담에서는 적합하다고 볼 수 있다. 그러나 이 결과가 필자의 모든 면을 설명해준다고 하기는 어렵다.

최근 어떤 내담자는 자신에게 무언가 정해진 것이 없는 시간이 주어지면 너무나 불안해서 어찌할 바를 모르겠다고 불안감을 호소했다. 단순히 MBTI에서 제시하는 선호 경향성, 성격유형에만 비추어서 이 내담자의 문제가 단순히 조직적이고 체계적이고 통제적인 특징(판단형) 때문이라고만 설명하기에는 무리가 있다. 이 내담자의 문제는 좀 더 근원적인 것으로, 어려서 부모와의 애착 형성에 있는 것으로 보였다.

사고와 감정은 중요한 결정을 할 때 결정과 판단의 근거가 무엇인지에 달려 있다. 즉 사고형은 원칙과 옳고 그름이 중요한 판단지표이며, 감정형은 좋고 싫음이 중요한 판단의 근거가 된다. 그래서 사고형은 일 중심적이고 감정형은 관계 중심적이라고 이야기하기도 한다.

마지막으로 판단과 인식은 생활양식의 여부에 따라 분류될 수 있다. 판단형은 계획적이고 체계적인 특징이 있지만, 인식형은 자율적이고 적응력이 뛰어난 특징이 있다. 판단형은 주로 은행원이나 회계사처럼 계획적이고 반복적인 일에 대해 내성이 강하지만 변화에 취약한 면이 있고, 인식형은 변화를 즐기며 무계획적이고 체계적이지 못하며 반복되는 일을 무척이나 싫어한다. 주로 예술가적 특징을 가지는 사람들이 이런 성향을 보인다.

MBTI 4가지 선호지표

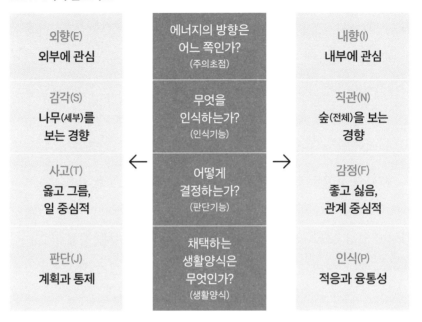

외향(E) 외부에 관심	에너지의 방향은 어느 쪽인가? (주의초점)	내향(I) 내부에 관심
감각(S) 나무(세부)를 보는 경향	무엇을 인식하는가? (인식기능)	직관(N) 숲(전체)을 보는 경향
사고(T) 옳고 그름, 일 중심적	어떻게 결정하는가? (판단기능)	감정(F) 좋고 싫음, 관계 중심적
판단(J) 계획과 통제	채택하는 생활양식은 무엇인가? (생활양식)	인식(P) 적응과 융통성

이 검사는 전문가 또는 전문적 훈련을 받은 사람에 의해 실시되어야 한다. 검사 실시의 표준화란 검사를 할 때 정해진 규칙에 따라 정확하게 실시되어야 함을 의미한다. 검사를 실시하는 검사자의 성향과 특성에 따라 검사 실시 방법이나 주어지는 시간, 지시 내용 등이 달라진다면 검사의 결과를 신뢰할 수 없기 때문이다.

객관적인 검사는 구조화되어 있고, 채점 과정이 표준화되어 있으며, 해석의 규준이 제시되어 있는 검사들이다. 객관적 검사는 평가하고자 하는 특정 영역을 측정하기 위해 검사가 구성되어 있고, 그에 맞는 방식에 따라 응답하고 해석하게 된다. 즉 객관적 검사의 목적은 개인마다 공통으로 지니고 있는 특성이나 자원을 기준으로 개인의 상대적인 위치를 비교·평가하는 것이다. 따라서 개인의 독특성을 끌어내려고 하기보다는 개인마다 공통적으로 지니고 있는 특성이나 차원을 기준으로 개인의 상대적인 위치를 비교·평가하려는 것이 목적이다.

대표적인 객관적 검사로는 지능검사(WISC·WAIS·WPPSI), 성격검사(MMPI·MBTI), 적성검사 등이 있다.

객관적 검사는 검사 실시와 해석이 간편하며, 검사의 신뢰도(검사 결과의 일관성이 있는가) 및 타당도(측정하려고 하는 것을 측정하고 있는가)가 검증되어 있다. 또한 검사자나 검사 상황의 변화에 영향을 적게 받으므로 개인과 개인 간 비교를 객관적으로 제시할 수 있다. 그러나 객관적 검사는 피검자들이 자신의 의도에 따라 문항에 반응할 수 있는 여지를 제공

객관적 검사 vs. 투사적 검사

객관적 검사	투사적 검사
• 검사 실시와 해석이 간편함 • 신뢰도와 타당도가 검증되어 있음 • 검사자 변인이나 검사의 상황 변인에 따라 영향을 적게 받으므로 개인 간 비교가 객관적으로 제시될 수 있음 • 피검자들이 자신의 의도하는 방향으로 문항에 대해 반응할 수 있는 여지를 제공함 • 양적인 면에 치우치기 때문에 개개인의 질적인 독특성에 대한 정보는 무시될 수 있음	• 검사자극이 모호하고 피검자가 자유롭게 반응하도록 허용하기 때문에 독특하고 다양한 반응이 도출됨 • 자극의 모호성 때문에 피검자가 방어가 어려워 평소에는 의식화되지 않던 사고나 감정이 자극됨으로써 전의식·무의식적인 심리적 특성이 반응될 수 있음 • 신뢰도와 타당도를 객관적으로 검증하기 어려움

대표적 객관적·투사적 검사의 종류

객관적 검사	MBTI	심리학자 융의 유형론을 근거로 캐서린 브릭스와 이사벨 마이어스, 피터 마이어스가 연구 개발한 성격유형검사로 4가지 선호지표가 제시되어 있고 16가지의 성격유형으로 나뉜다. 총 94개의 문항으로 구성, 2~3개의 보기 중에서 자신에게 가장 적합하다고 생각되는 문항에 체크하도록 되어 있다.
	MMPI	성인들의 정신병리를 평가하기 위해 개발되었으며, 일반인들의 성격적 특질을 평가하기도 한다. 원판은 1943년도 미국 미네소타 대학병원의 해서웨이(Hathaway)와 맥킨리(Mckinley)가 개발했다. 1989년에 MMPI-개정판이 출판되었다. 총 567문항으로 '예/아니오' 응답 방식으로 되어 있다.
	지능 검사	개인의 지능과 인지기능 등을 평가하기 위해 개발되었고 현재 웩슬러(Wechsler)가 개발한 지능검사가 가장 널리 사용되고 있다.
투사적 검사	그림 검사	DAP·HTP·KFD 등이 대표적이며, 그림을 통해 심리 내적인 특성을 파악한다.
	BGT	간단한 기하학적 도형이 그려져 있는 9개의 카드를 피검자에게 보여주고 그것을 종이 위에 모사하도록 한다. 그런 다음 조금 전에 그린 것을 회상해 그리도록 한다. 이때 피검자가 보이는 반응과 종이에 그린 그림을 통해 피검자의 심리 특성을 분석한다.
	SCT	완성되지 않은 문장을 주고 그 문장을 완성하게 되어 있다. 문장을 완성하는 데 내적 심리가 투사되기에 이를 통해 심리적 특성을 파악한다.
	로르샤흐 검사	데칼코마니 기법으로 만들어진 불특정하고 비구조화된 그림을 제시한다. 이를 개인이 지각하고 반응하는 과정에서 개인의 내적 심리가 투영되고 이를 통해 무의식이나 심리 특성을 파악한다.
	TAT	10~20개 정도의 그림을 제시하고 그 내용이 무엇인지 이야기하게 함으로써 개인의 내적 심리상태와 무의식을 파악한다.

할 수 있으며(예를 들면 군대 징집을 피하기 위해서 무조건 '예'나 '아니오' 등으로 대답하는 경우), 양적인 면에 치우쳐 있기 때문에 개개인의 질적인 독특성이 무시될 수 있다.

이에 비해 투사적 검사는 검사자극이 모호해 자극을 인지적으로 해석하는 과정에서 개인의 욕구·갈등·성격 같은 심리적 특성의 영향이 강하게 포함되어 비구조적인 검사 과제를 통해 개인의 독특성을 최대한 끌어낼 수 있다.

앞서 이야기했듯이 투사는 자신에게 존재하고 있는 것을 마치 외부에 있는 것처럼 보는 것이다. 이런 투사는 일종의 원시적이고 미성숙한 방어기제로 스스로 보호하기 위한 심리적인 작용을 의미한다. 투사는 개인의 내적인 것이 외부로 이동하는 것으로, 투사적 검사는 이런 개인의 다양한 반응을 도출시키기 위해 최대한 간단한 지시 방법을 사용하며, 검사자극 또한 불분명하고 모호한 특징을 지니고 있다.

대표적인 투사적 검사에는 로르샤흐검사, TAT(Thematic Apperception Test, 주제통각검사), CAT(Children's Apperception Test, 아동용주제통각검사), DAP(Draw A Person, 인물화성격검사), HTP(House-Tree-Person, 집-나무-사람), BGT(Bender Gestalt Test, 벤더게스탈트검사), SCT(Sentence Completion Test, 문장완성검사) 등이 있다. 이러한 투사적 검사는 검사자극이 모호하고 피검자가 자유롭게 반응하도록 허용하기 때문에 독특하고 다양한 반응이 도출될 수밖에 없다. 또한 자극의 모호성, 즉 무엇을 측정하려고 하는지 피검자가 알기가 어렵기 때문에 피검자가 방어하기도 어렵다.

따라서 평소에는 의식화되지 않던 사고나 감정이 자극됨으로써 전의식·무의식적인 심리적 특성이 도출될 수 있는 장점이 있다. 그러나 투사적 검사는 신뢰도와 타당도를 객관적으로 검증하기 어렵다는 한계를 지닌다.

로르샤흐검사의 예를 들어보자. 이 검사는 10개의 그림으로 이루어져 있다. 각각의 검사는 데칼코마니(물감을 무작위로 찍은 후, 반으로 접어서 펴면 대칭의 그림이 나오는 그림) 형식의 그림으로, 정확한 형태가 없다. 이 그림을 보는 개인은 어떤 형태로든 그 그림을 의미 있는 무엇으로 지각하고 반응하게 되는데, 이때 자신도 모르는 심리 내적인 상태가 드러나게 된다. 그래서 객관적인 자기보고식검사에서 교묘하게 자신의 상태를 방어하던 사람들조차도 로르샤흐검사에서 의외의 반응을 보이는 경우를 종종 발견할 수 있다.

그러나 로르샤흐검사는 심리검사의 꽃이라 불릴 만큼 중요한 검사임에도 불구하고 검사의 실시와 채점, 해석 등이 여타의 검사들에 비해 복잡하고 어렵다. 그렇기 때문에 반드시 숙련된 전문가를 통해 이런 일련의 검사를 실시하고 평가가 이루어져야 한다. 접근성이 용이하지 않고 진입장벽이 높다는 점에서 그 가치가 폄하되거나 중요성을 인식하지 못하는 경우가 종종 있다.

또한 객관적인 신뢰도와 타당도 검증이 어려운 것도 물론이다. 로르샤흐검사는 기회가 되면 좀 더 자세히 다루도록 하겠다.

단일검사평가의 위험성

여러 심리검사가 대중에게 알려진 것은 비교적 최근의 일인 것 같다. 얼마 전 TV 프로그램 녹화를 하는데 모 아나운서가 '심리검사'를 '심리테스트'의 일종 아니냐고 묻는 것이다. 하지만 앞서도 말했듯이 심리검사는 재미 삼아 하는 심리테스트와는 구별되어야 한다. MBTI의 경우 일반인들에게도 많이 알려져 있고 기업체에서도 많이 활용하고 있기는 하지만, 심리검사를 실시하고 평가한다는 것은 전문적인 영역이기 때문에 대중적으로 알려지는 데는 한계가 있다.

가끔 방송 등의 매체에서 심리검사를 해준다면서 검사 도구의 일부를 유출시키는 경우도 있다. 그런데 이렇게 검사 도구나 검사 내용의 일부가 유출될 경우, 생각보다 문제가 심각해질 수 있다는 것을 명심할 필요가 있다.

심리평가는 개인의 내적인 특성을 파악하고 이를 통해서 개인이 가지고 있는 어려움이나 문제점이 무엇인지 가려내어 적절한 치료적 개입을 하거나, 더러는 군대 징집과 관련되어 문제가 있는 사람들을 파악하기 위한 수단으로도 활용될 수 있다. 그렇기에 많은 사람에게 공유가 되는 방송 매체에서 이를 대중들에게 유출한다면 검사가 필요한 사람들에게 정보를 주게 됨으로써 검사의 신뢰도에 문제가 발생할 수 있다. 심리학에서는 이를 '오염된다'라고 표현한다.

미리 검사 내용의 일부나 검사 도구 등에 대해서 아는 것이 무엇이 문제가 되냐고 생각할 수도 있다. 그러나 수능시험을 앞두고 시험 문제 일부가 유출되었다고 생각해보자. 문제를 알고 있는 사람과 모르는 사람은 시험 성적에 차이가 날 수밖에 없다. 그렇기 때문에 심리검사와 관련된 내용을 함부로 유출해서는 안 된다는 것이다.

심리검사의 내용이 유출되지 않는 것도 중요하지만, 각종 방송 매체를 통해서 심리검사 등이 소개될 때 또 하나 우려스러운 부분이 있다. 하나의 검사만을 가지고 한 사람에 대해서 평가하려고 한다는 점이다. 예를 들어 여러 색의 풍선 중 하나를 선택하게 한 후, 그 색을 선택한 사람들을 단일하게 평가한다고 생각해보자. 5가지의 색이면 모든 사람이 5가지 유형으로 구분된다는 이야기가 되는데, 그 각각의 유형에 속한 사람들의 개인차는 어떻게 설명할 것인가? 또는 그림을 그리게 한 후 그 그림 하나만 가지고 그 사람이 우울하다거나 불안하다거나 편집증이 있다거나 분열이 의심된다고 단정하는 것도 무척이나 위험하다.

심리검사는 주소호(피검자들이 호소하는 문제)부터 그 사람의 외양과

검사 배터리

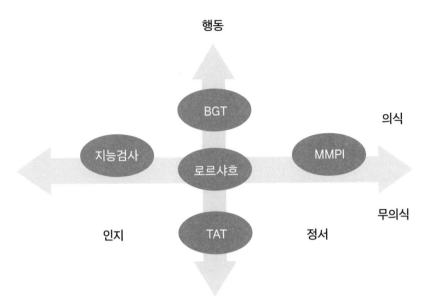

자료: 한국상담심리학회(2008)

행동, 태도, 그리고 각각의 검사들이 재는 것들을 모두 통합해 종합적으로 평가되어야만 정확하고 객관적이라고 말할 수 있다. 한 개인을 평가하는 데 단일한 검사로 평가한다는 것 자체가 무리라고 할 수 있다.

어떤 검사도 모든 영역을 다룰 수 없으므로 검사는 배터리(battery)로 실시되어야 한다. 검사 배터리는 개별적인 검사들이 모여 구성되는데, 각 검사들은 각기 다른 영역을 측정한다. 지능검사는 지능 수준(지적 능력)을, MMPI는 성격 및 정신병리적인 측면을, 로르샤흐검사는 원초적이고 무의식적인 측면을, TAT는 대인관계와 환경에 대한 개인의 성격의 역동성에 대한 정보를 준다.

이들 검사는 주된 측정 영역 이외에도 다른 심리적 기능들을 부분적으로 드러내줄 수 있다. 지능검사는 지적 능력에 대한 정보뿐만 아니라 다양한 소검사를 통해 여러 가지 적응기능과 능력, 어떤 상황에서 효율적이고 어떤 특정 영역에서 실패할 것인지에 대한 정보를 얻을 수 있다. 예를 들어 소검사들의 점수 분석을 통해 주의력에 문제가 있는지, 그리고 주의력의 문제가 인지적인 측면인지 정서적인 측면인지 알 수 있고, 사회인지 소검사 수행이 낮으면 사회적 대처와 대인관계상의 문제를 예상할 수 있다.

로르샤흐검사와 TAT에서도 무의식적인 욕구나 역동적인 면뿐만 아니라 인지적인 특성도 어느 정도 파악할 수 있다. 예를 들어 그림을 보고 피검자가 그 그림을 의미 있는 내용으로 잘 조직화하는지가 그 피검자의 인지적 능력을 반영한다고 볼 수 있다.

이렇게 각 검사에 따라 얻어진 자료들은 다른 검사에서 나온 결과를 좀 더 풍부하게 해줄 뿐만 아니라, 각 검사에서 세워진 가설들에 대한 타당성을 교차검증할 수 있는 수단으로 사용될 수 있다. 이런 비교·통합 과정을 통해서 피검자의 자아기능, 에너지 수준, 방어기제 사용, 문제해결방식, 균형과 조화를 이루고 있는지에 대한 전체적이면서 구체적인 모습을 얻을 수 있게 되는 것이다.

사례로 종합심리검사 보고서 읽기

종합심리검사(Full battery)에는 주로 지능검사, 그림검사, SCT, 로르샤흐검사, 부모자녀 기록 내용 또는 초기 상담 기록 내용 등이 포함된다. MMPI는 성인이나 청소년의 경우 포함되고 아동의 경우는 부모의 MMPI 결과를 같이 제시할 수 있다.

평가보고서에는 인적사항, 의뢰 사유, 수검 태도 및 인상, 평가 결과, 종합 평가 및 제언 등이 포함된다.

1. 인적사항

성명, 성별, 생년월일, 검사일, 실시한 검사, 학력

2. 의뢰 사유

내담자 자신 또는 부모나 양육자의 보고를 구체적으로 기술

> 예] 전학을 갔다가 되돌아온 이후 말수가 급격히 줄고 쾌활했던 성격이 변했
> 음. 가족 문제로 어려움을 겪고 있는 것으로 보이며, 특히 학교생활과 학업 면
> 에서 부적응적 문제로 인해 아동의 인지적·정서적 상태를 명확하게 파악하
> 기 위해서 심리평가가 의뢰됨.

3. 수검 태도 및 인상

외모와 인상, 체격, 위생 상태, 눈 맞춤, 검사 시 태도 등을 구체적으로
기술

> 예] 동그란 얼굴에 귀여운 인상의 여아로 다소 통통한 체격에 위생 상태는 비
> 교적 양호했음. 면담 시 검사자와 눈을 잘 마주치고 지시에도 잘 따르는 편임.
> 대체로 순응적인 자세로 검사에 임했으나, 그림검사에서 매우 자신 없어 하
> 는 태도를 취하면서 '아…' 등의 한숨을 쉬기도 했음. 사람 그림을 그릴 때 다
> 리부터 그리고 팔을 마지막으로 그렸으며, 집 그림에서는 지붕을 그렸다가
> 지우기도 함.

4. 평가 결과

- 일반 지능(general Intelligence): 전체 지능, 언어성 지능, 동작성 지능
  순으로 제시하고, 언어성과 동작성 비교하고(통상 15점 이상이면 유의미
  한 것으로 간주), 소검사 간 편차에 대해 언급(통상 소검사 간 3점 이상이면
  유의미한 것으로 간주)

예] K-WISC-Ⅲ로 평가한 전체 지능지수는 90(VIQ=93, PIQ=89)으로 평균 수준(Average level, IQ 90~109)에 속하나 어휘, 토막짜기 등의 수행 능력을 고려할 때 이와 동등하거나 이를 상회하는 수준의 지적 능력이 예상된다. VIQ와 PIQ와의 점수차는 유의하지 않으나 소검사 간 큰 편차를 보이고 있어(최대 8점) 인지적 비효율성이 시사된다.

- **소검사 점수를 비교해 강점과 단점, 그리고 사회적인 측면을 구체적으로 기술**

  예] 인지기능상, 언어적 추상화 개념이나 단순한 청각적 주의력은 매우 우수한 수준으로 유지되고 있고, 시각-운동 협응 능력도 우수한 수준으로 유지되고 있으며, 본질과 비본질을 구분하고 핵심을 파악하는 능력과 습득한 지식을 언어적으로 이해하고 표현하는 능력도 비교적 양호하게 발달되어 있는…(중략)

  그러나 양육자와의 긴밀한 상호작용을 통해 획득하는 지식이나, 학교 학습 등을 통해 습득되는 기본지식은 상대적으로 저조한 상태로 나타났으며, 주의 집중 기간이 길어지거나 빠른 스피드를 요구하는 과제에서 지속적인 주의 집중을 하지 못하고…(중략)

  한편 사회적 능력 면에서 상황에 대한 관습적인 행동이나 규범에 대한 지식이 다른 언어적 측면과 비교해 매우 저조하고, 사회적 상황에서 당면한 문제나 과제를 해결하는 과정에서 미묘한 뉘앙스나 사회적 단서에 주의를 기울이지 못하고 있으며, 전후 맥락을 파악하지 못하고 어떻게 행동하고 대처해야 하는지에 대한 이해가 부족하고…(중략)

따라서 상황적 요구나 친구들의 욕구에 둔감함은 물론, 적절한 대처를 강구하지 못하고 자신의 의견을 조리 있게 표현하지 못해 어려움을 겪으면서 또래 관계에서 갈등이…(중략)

• 성격 및 정서적 행동(personality & emotional behavior): 로르샤흐검사, MMPI, 그림검사, SCT 등의 검사를 통해 나온 결과를 자세히 정리

예] 지각적인 측면에서 근본적인 지각적 왜곡이나 사고장애 징후는 보이지 않고, 로르샤흐검사에서 전체 반응수 14개로 보이면서 아이다운 상상력과 창의력을 발휘하지 못하고 있고…(중략)

사고 측면에서는 자신과 가족에 대해 부정적이고 비관적인 생각들이 주를 이루고 있으며, 이로 인해 자신감이 저하되고 위축됨으로써 대인관계에서도 부정적으로 작용할 가능성이 높겠다(SCT: 내가 꾼 꿈 중에 제일 무서운 것은…(중략)).

그러나 이러한 생각들을 정확하게 인지하지 못하고 억압하면서, 건강하게 표현하고 해소하기보다는 표면적으로는 무덤덤하게 표현하고 있는 것으로 생각된다.

정서적 측면에서 정서적인 표현이 거의 드러나지 않고 우울·불안 등의 정서적 고통을 나타내고 있지는 않지만 정서적 혼란을 보이고 있으며 정서적인 지원을 충분히 받지 못해 정서적인 것을 표현하는 데 매우 미숙해 자신이 경험하는 감정을 어떻게 받아들이고 해석해야 할지 모를 뿐 아니라, 적절히 표현하고 해소하지 못해 이로 인한 불확실감, 무력감…(중략)

즉 아동은 충분한 정서적 보살핌을 받지 못했던 것으로 보이며, 정서적으로

매우 혼란스러운 상태로 보이며(SCT: 우리 엄마는…(중략)-(지웠다 다시 쓴 흔적이 있음), 긍정적인 대상관계와 애착 형성이 되지 않았으며, 불안정감을 경험하고 있을 것으로 보인다(집 그림에서 계속 그렸다 지움).

그러나 사회적 상황에 대한 사전적 지식과 기술이 부족하고, 적절한 대처방식·방법이 부재해 긍정적인 대인관계나 상호호혜적 관계를 형성하는 데 어려움이 예상된다(SCT: 내가 좀 더 어렸다면…(중략)).

5. 종합 평가 및 제언

검사 결과 종합 요약 및 치료적 제언 간략하게 기술

예] 검사 결과, 아동은 평균 수준 또는 이를 상회하는 지적 잠재력을 지니고 있으며, 매우 성실하고 적극적인 태도로 검사에 임했으나 인지적 발달의 불균형이 극심하게 나타나고 있는 상태로, 지속적인 주의 집중이 요구되는 과제에서 집중력이 떨어지고, 정신운동 속도가 매우 지체되고 있는데…(중략) 양육과 훈육을 받지 못해 이로 인한 좌절감이나 우울감이 내재되어 있을 것으로 사료되는 바, 심리적 정서적 안정을 위한 심리치료가 우선적으로 필요해 보이며, 나아가 사회적 대처 능력을 증가시킬 수 있는 사회 기술 훈련도 필요해 보여, 심리치료와 사회성 훈련 프로그램에 각각 주 1회 이상 참여할 것을 권고한다.

심리학은 개인의 삶을 향상시키기 위한 학문으로

인간의 마음을 연구한다.

파트 1에서는 심리검사와 심리평가가 무엇이며, 심리
검사와 심리평가가 필요한 이유 등에 대해서 살펴보았
다. 파트 2에서는 그다음 우리가 신경 써야 할 부분인
종합심리검사를 실시할 때 먼저 어떤 검사부터 시작해
야 하는지, 어떻게 실시하고 해석해야 하는지에 대한
것을 살펴볼 것이다. 심리검사는 검사를 실시하는 검사
자나 검사를 받는 대상인 피검자 모두에게 부담스러운
작업이다. 따라서 피검자의 긴장이나 부담을 최대한 덜
어주고 친밀감을 형성시킬 수 있는 검사부터 실시하는
것이 중요하다. 통상 BGT를 가장 먼저 실시하고 이후
에 그림검사, MMPI, 문장완성검사(SCT), 지능검사,
로샤 등의 순으로 실시한다. 이번 파트에서는 BGT와
그림검사에 대해 알아볼 것이다.

PART 02

심리검사를
시작해보자,
BGT와 그림검사

게슈탈트 심리학

게슈탈트 심리학(Gestalt psychology)에서 'gestalt'는 잘 조직화된 형태나 모양을 의미하며 영어로는 형태(form), 전체(whole)를 의미한다. 독일어에 명확히 부합하지는 않지만, 우리말로 주로 '형태'라고 번역되어 '형태심리학'이라고도 한다. 예를 들어보자.

숫자 1과 3

12, 13, 14 → 13?

A, 13, C → B?

동일한 자극이라도 주변의 상황에 따라 다르게 지각될 수 있음

게슈탈트 심리학에 대한 설명을 요약하면 다음과 같다.

● ●   ● ● ●
A B   C D E

인접한 점끼리 인식하는 경향성, 즉 AB와 CDE를 묶어서 하나로 인식하려고 함

⬭   →   ⬭

점들을 하나의 선으로 연결해서 원으로 인식하려고 함

- 1910년에 게슈탈트 심리학을 창건한 베르트하이머, 코프카, 쾰러 등의 심리학자들은 구성주의를 비판하면서 마음이나 의식을 요소나 부분의 합으로 이해하기보다는 잘 조직화된 하나의 전체로 이해해야 한다고 주장 "부분의 합이 전체가 아니다."

- 감각을 토대로 형태를 형성해내는 능력 중 시각적인 형태에 대한 논리를 체계화

- 표상은 지각적 원리에 따라 조직화되는데, 이는 우리에게는 자극을 하나로 통합해 지각하려는 경향성 때문

- 지각의 경향성은 단순히 '형태성'에 의존하기만 하는 것이 아니라 개인의 경험과 욕구, 가치관, 성격 등 심리적 요인이 큰 영향을 미침

- 즉 외부 대상에 대한 지각은 형태적인 특징에 개개인의 심리적 작용이 추가되어 해석된다고 할 수 있음*

게슈탈트 심리학의 조직화의 원리(organizing principles)

‣ 연속성 원리: 직선이나 곡선으로 연결된 선들은 함께 속한 것으로 지각
되며 이 선들을 가장 원만한 경로를 따르는 것을 지각하는 경향이 있음
(예: 밧줄)

‣ 형태(단순성)의 원리: 모든 자극 패턴은 가능한 한 가장 간단한 구조를 내
는 방향으로 봄

‣ 유사성의 원리: 비슷한 사물은 함께 집단을 이룸

‣ 근접성의 원리: 가까운 사물들은 함께 집단화되어 보이는 원리

‣ 공통 운명의 원리: 같은 방향으로 움직이는 사람들은 함께 집단화됨

‣ 균일 연결성 원리: 밝기, 색, 표면, 결 또는 운동과 같은 시각 속성들로 연
결된 영역이면 한 단위로 지각[**]

BGT(Bender Gestalt Test, 벤더게스탈트검사)

기하학적 도형들로 이루어진 9개의 카드로 구성된 BGT 검사에 대한 설
명을 요약하면 다음과 같다.

---

* 윤가현 외, 『심리학의 이해』, 학지사, 2012
** E. Bruce Goldstein 저/곽호완 외 역, 『감각 및 지각 심리학』, 박학사, 2015

- 벤더에 의해 개발(Bender, 1938)
- 베르트하이머(Wertheimer)가 사용한 기하학적 도형 중에 선별
- '게슈탈트 심리학의 원리'를 기반으로 개발
- 9개의 도형으로 이루어진 카드로 구성(도형 A~도형 8)
- 만 5세부터 노인까지 거의 모든 연령에서 실시 가능
- 실시도 매우 간편한 가성비가 높은 검사
- 피검자의 긴장을 낮추고 검사자와 친밀감을 형성하기 위한 역할을 하는 완충 검사
- 신경심리검사의 일종으로 기질적 손상을 측정하기 위해 개발
- 도형을 어떻게 지각하고 그리는가에 따라 인지, 정서, 성격, 정신장애(조현병 혹은 지적장애 등)도 추론 가능, 즉 모사단계를 관찰하는 것만으로도 충분히 많은 정보를 얻을 수 있음
- 피검자가 도형을 충동적으로 그리는지, 점을 세는지, 자주 지우는지, 도형의 어느 부분을 먼저 그리는지, 도형을 어떻게 그리는지(그리는 방향), 자극 크기가 끝까지 일정하게 유지되는지 등

- 검사자가 "10장 정도의 카드가 있다."라고 미리 언급했음에도 공간 분할을 생각하지 않고 처음부터 도형을 크게 그려 공간이 없어 도형의 크기가 점점 작아지거나 종이를 여러 장을 쓰는 경우 충동성을 시사
- 종이의 일부분에 도형을 너무 작게 그리거나 점을 일일이 세는 등의 행동은 강박적이면서 편집적인 성향을 시사하고, 계속해서 그림을 지웠다 그렸다 하는 행동은 주저함과 망설임, 자기확신적 행동의 결여를 의심
- BGT는 피검자가 의사소통할 능력이 없거나 의사소통을 할 능력이 있더라도 언어로써 성격의 강점이나 약점에 대한 적절한 정보를 제공받기 어려울 때, 혹은 간과하기 쉬운 뇌기능장애의 가능성을 발견할 때 유용
- 즉 피검자들의 검사에 대한 긴장을 덜어주고 친밀감(rapport) 형성에 도움
- 시각-운동 능력의 발달이나 뇌의 기질적 문제를 확인할 목적에서 개발, 이후에 시공간 구성능력을 평가할 목적에서 널리 사용되어 온 초기 신경심리검사 중 하나
- 기질성(organicity)은 우울이나 불안, 조현병 등의 정신장애와 구분되며 뇌의 문제로 초래된 이상행동을 설명하는 구성개념으로 사용되었으나 신경과학과 신경심리학의 발달에 따라 외상성 뇌손상이나 구체적 신경학적 문제나 신경심리학적 기능이상이 강조되고 있음
- 원판 BGT는 9개의 기하학적 도형을 순차적으로 모사하는 과제였으나 이후 여러 임상가에 의해 모사단계를 거친 다음 5~20분 정도 경과 후 자유 회상하는 단계를 추가하는 등 다양한 변형된 방식으로 사용

시각-운동 지각의 과정[*]

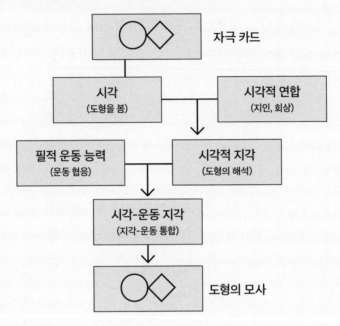

- 2000년대에 들어 BGT-Ⅱ(Brannigan&Decker, 2003)가 출시되었고 9개의 도형에 7개의 도형을 추가한 총 16개의 도형으로 확장했고 모사단계와 회상단계로 구성, 전반적 체점체계를 개발했으며 각 항목은 5점 척도로 평정됨[**]

- Elizabeth Munsterberg Koppitz, Ph.D.View all authors and affiliations, 'Bender Gestalt Test, Visual Aural Digit Span Test and Reading Achievement', Volume 8, Issue 3, 1975
- 이우경·이원혜, 『심리평가의 최신 흐름』, 학지사, 2019

BGT 실시하고 해석하기

피검자에게 각각의 카드를 모사*하도록 하는 모사단계와 회상해 그리게 하는 회상단계가 있고 이후 그 반응을 테스트한다.

모사하기

① "지금부터 10장 정도의 카드를 보여줄 테니 보이는 대로 그려주세요."라고 말한다.

② 용지는 세로로 준다(피검자가 용지를 돌려 그리더라도 그대로 놔둔다).

③ 카드는 보이지 않게 엎어두고, 도형 A부터 도형 8까지 차례로 제시한다.

---

* 모사는 어떤 대상이나 현상을 있는 그대로 본떠서 언어나 그림으로 묘사하는 것이다.

④ 피검자가 여러 장의 용지를 요구하면 준비된 용지를 준다.

⑤ '자'와 같은 보조도구 사용을 허용하지 않는다.

⑥ 피검자의 질문에 "좋을 대로 하십시오." "마음대로 하셔도 됩니다."라고 답한다.

⑦ 스케치하듯 그리기, 카드나 종이를 회전시키기, 자극의 개수를 일일이 세기 등의 행동을 하면 처음 한두 번은 제지한다. 그러나 계속해서 이와 같은 행동이 나타나면 행동관찰을 기록하고 해석 시 참고한다.

회상해서 그리기

① 9장의 카드(도형 A~도형 8)를 보고 그림을 그리도록 한 후, 그림을 다 그렸으면 카드와 그린 종이를 수거한다. 그러고 나서 "이제부터 지금까지 그렸던 도형들을 다시 그려보세요."라고 말하고 종이를 준다.

② 이때 대부분 피검자는 당황스러워한다. 어이없어하면서 웃거나, 기억이 잘 안 난다면서 어려워하기도 하고, 더러는 화를 내는 경우도 종종 있기 때문에, 검사자는 이러한 반응을 충분히 예상하고 피검자를 독려해야 한다.

③ 회상법(도형을 회상해서 그리도록 하는 것)은 주로 기질적 손상이 있는지를 변별하기 위해 사용한다.

성인 여성의 사례

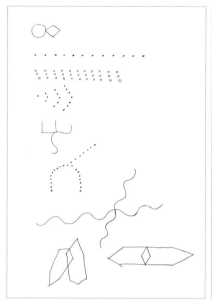

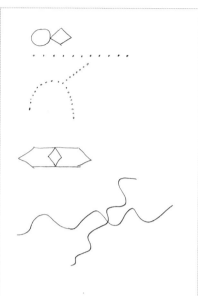

초등 남아의 사례

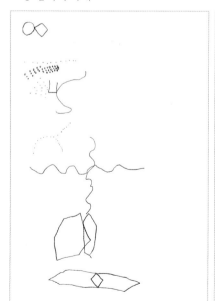

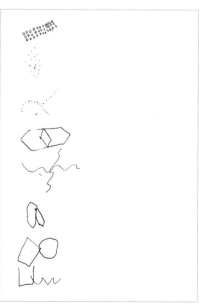

도형별 상징적(정신역동적) 의미

—

BGT 도형(original)•

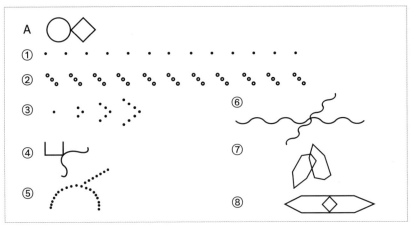

BGT-II••

①	②	③	④
⑤	⑥	⑦	⑧
⑨	⑩	⑪	⑫
⑬	⑭	⑮	⑯

• 정종진, 「BGT 심리진단법」, 학지사, 2003
•• 이우경·이원혜, 「심리평가의 최신 흐름」, 학지사, 2019에서 재인용

BGT 도형

1) 도형 A

- 동그라미와 마름모 두 도형으로 구성
- '부모카드' - 생물학적 부모 외 심리적 부모도 포함
- 어머니와의 관계, 대인관계 등을 상징
- 동그라미는 대체로 어머니를 상징, 마름모는 아버지를 상징하는 것일 수 있음
- 도형의 크기는 중요한 사람과의 관계에서 지배성과 관련(예: 동그라미를 크게 그리는 경우는 어머니 등 중요한 사람이 지배적임을 의미)
- 동그라미와 마름모가 내부로 들어가면 공격적 어머니상 또는 아버지상 시사
- 도형의 분리는 부모 관계가 소원(이혼 또는 별거), 도형이 침투되어 있는 경우에는 대인관계에서의 갈등을 의심
- 동그라미의 끝선이 만나지 않은 것은 어머니의 불충분한 양육을, 반대로 마름모 선이 만나지 않은 것은 아버지의 불충분한 양육을 의미

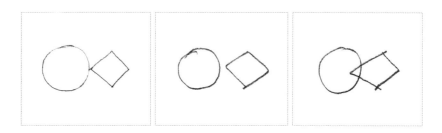

2) 도형 1

- 12개의 점으로 이루어짐(강박적 성향인 경우 점의 개수를 세어서 그리는 경우가 많음)
- 대인관계 상황에서의 정서적 행동적 경향성과 관련
- 충동 통제 능력과 관련, 이탈은 충동 통제의 결함을 나타냄
- 점을 동그라미로 그리는 것은 정서 기능의 퇴행이나 미성숙함을 시사
- 점을 사선으로 그리는 것은 충동적, 공격적, 적대적 행동 표출을 시사
- 기울기가 아래로 내려가면 우울, 위로 상승하면 행동 표출 가능성 증가(acting out)

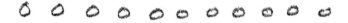

3) 도형 2

- 여러 점이 사선으로 그려져 있음
- 피검자의 대인행동방식, 집단적인 대인관계 상황과 관련
- 의식적인 감정, 불만족, 불쾌감 반영
- 경사가 아래로 향하는 경우 우울 경향성을, 위로 향하는 경우 행동화 경향성을, 대시 사용은 충동성을 시사
- 동그라미 안을 칠하는 경우 공격성을 시사

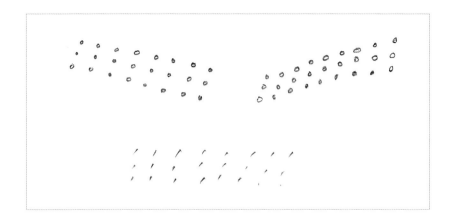

4) 도형 3

• 점으로 된 화살표 모양

• 고집·동기·자기표현이나 주장 등 자아욕구와 관련

• 적대감과 성적 관심과 관련, 남성의 경우 어머니와의 분리, 성적 능력
에 대한 관심을 여성의 경우 성적인 불안감을 시사

• 점을 원으로 그리는 경우는 미성숙을, 대시는 충동성을 시사

• 각(>)을 뾰족하게 그리는 경우는 욕구 주장이 강하고 적대적이고 각
이 무딘 경우는 자기주장을 잘하지 못할 가능성 시사

5) 도형 4

- ㄴ 모양과 ∫ 모양으로 구성
- 어머니와의 관계 혹은 이성관계와 관련
- 이 도형(윗변이 없는 사각형 모양 ㄴ)은 무언가를 담을 수 있는 그릇과 같은 것으로 어머니의 자궁을 상징, 따라서 도형을 거꾸로 그린 것(Π)은 모성에 대한 거부감과 관련성 시사

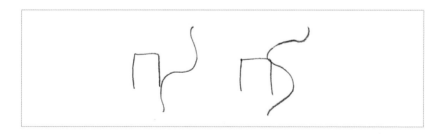

- ㄴ은 남성상을 ∫은 여성상을 상징하기도 함
- 남성 도형을 크게 그리고 여성 도형을 크게 그리는 여성은 남성에게 적대적임을 시사, 반대로 여성 도형이 작거나 남성 도형 아래 그린 경우 대인관계 특히 남성관계에서 복종적 피학적임을 시사
- 남성 도형을 크게 그리는 남성은 남성성을 강조하고 공격적임을 시사

- 두 도형의 접촉점에서 가중묘사(여러 번 선을 덧그리는 것)가 되는 경우
  는 대인관계에서 느끼는 긴장을 의미, 그 원인은 어머니나 중요 인물
  에 기인

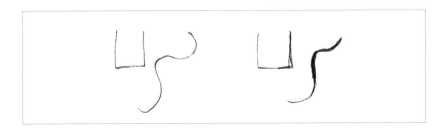

- 두 도형 모두 가중묘사가 되어 있는 경우 적대감을 시사
- 두 도형이 떨어져 있는 경우 어머니와의 정서적 접촉, 대인관계에 어
  려움을 시사

6) 도형 5

- 둥근 반원모양의 점(여성의 가슴)과 7개의 직선으로 된 점(남근)으로
  구성
- 어머니상과의 관계 혹은 여성과의 관계와 관련
- 가족이나 가정환경에 대한 지각과 관련이 있으며, 특히 어렸을 때 가

정 분위기를 반영

- 점 대신 동그라미는 미성숙이나 퇴행을 의미하며, 사선은 가정에 대한 적대감을 시사

7) 도형 6

- 2개의 곡선이 교차하는 형태
- 기분·정서와 관련된 정서적 상태를 반영
- 수평 곡선은 정서를 어떻게 다루는지, 수직 곡선은 분노평가에 사용
- 곡선이 평평하게 그려진 것은 피검자의 우울을 시사

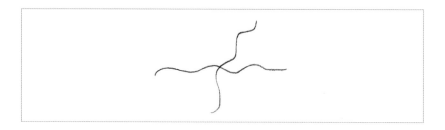

- 곡선의 진폭(선의 상하 높이)이 수직으로 길이가 늘어난 것은 기분이 상승된 상태를 시사

- 선 길이가 길어진 것은 신경증적 행동화와 충동성의 경향성을 시사
- 선의 경사가 위로 향하면 행동화, 아래로 향하면 우울을 시사

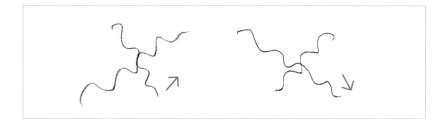

8) 도형 7

- 2개의 육각형의 도형이 겹친 형태
- 청소년 또는 성인의 성적 관심을 반영
- 아버지와의 관계, 남성 혹은 남자다움의 무의식적 측면과 관련
- 지배적 남성 인물과 그에 상응하는 인물과의 연합을 의미
- 두 육각형이 겹치는 지점에서 가중묘사는 아버지나 지배적인 남성상
  과의 긴장, 갈등 시사

- 두 육각형이 접촉하지 않은 경우는 아버지와의 거리감, 여성의 경우 관입불안, 대인관계에서의 어려움 시사

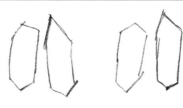

- 한 육각형이 다른 육각형을 과도하게 침투하는 것은 아버지와의 불화를 의미

9) 도형 8

- 육각형 도형과 안에 마름모 도형이 있는 형태
- 육각형의 내부에 있는 다이아몬드는 자아를 상징

• 다이아몬드를 작게 그린 것은 부적절감과 열등감을 시사

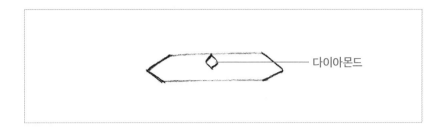

다이아몬드

• 다이아몬드가 육각형과 떨어져 접촉이 없는 경우는 고립과 위축감을 시사

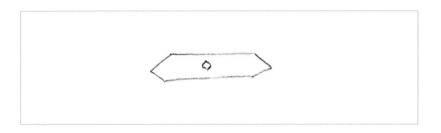

• 다이아몬드를 가중묘사한 경우는 세상으로부터 압박감과 긴장, 적대 감을 시사

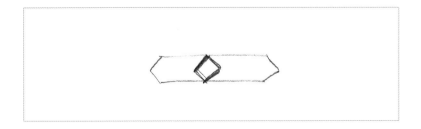

• 기울기(위로 향하는 경우)는 긴장과 통제에 대한 행동화 가능성을 시사

- 육각형의 선이 끊기거나 간격이 있거나 선이 정해진 길이를 넘어서는 경우는 자아방어의 실패를 의미

어떻게 해석할 것인가?

—

허트(Hutt)에 의하면 BGT는 자극이 어떻게 지각되며 조직되는지, 자극이 피검자에게 무엇을 의미하고 피검자가 자극을 단순화하는 것은 무엇인지, 피검자가 자극에 보태는 것이 무엇인지 등으로 채점된다.

HABGT(Hutt Adaptation of the Bender-Gestalt Test) 채점 항목들은 초기에는 5개의 유목(조직·크기의 일탈·형태의 일탈·왜곡·운동)에서 현재는 3개의 유목(조직·형태의 변화·형태의 왜곡)에 포함된 17개의 징후로 구성되어 있다. 이를 살펴보면 다음 페이지 표와 같다.

배열 순서
- 9개의 도형을 피검자가 주어진 용지에 어떻게 배열하는지에 대한 순서나 규칙성, 즉 조직 양상은 그 사람의 계획적 태도와 관련

HABGT(Hutt Adaptation of the Bender-Gestalt Test)

유목	징후
조직	• 배열 순서(sequence) • 도형 A의 위치(position of the first drawing) • 공간 사용(use of space) • 중첩(collision) • 용지 회전(shift in the position of the paper)
형태의 변화	• 폐쇄 곤란(closure difficulty) • 교차 곤란(crossing difficulty) • 곡선 곤란(curvature difficulty) • 각의 변화(change in angulation)
형태의 왜곡	• 지각적 회전(perceptual rotation) • 퇴영(retrogression) • 단순화(simplification) • 단편화(fragmentation) • 중복 곤란(overapping difficulty) • 정교화(elaboration or dooding) • 보속증(persevaration) • 재묘사(drawing of the total figure)

- 검사자가 10장 정도의 카드를 용지에 그리도록 지시했다면, 대부분 사람은 거의 무의식적·자동적으로 주어진 용지에 이 도형들을 어떻게 그릴 것인지를 생각하고 그림을 그림

- 따라서 피검자가 용지에 도형을 그려나가는 순서는 그 사람의 성격적 특성이나 태도 등과 관련

- 강박적 성향의 사람은 도형을 정확한 순서대로 그리는 반면, 신경증

이나 정신분열증 환자들은 도형 배열 순서가 불규칙하고 혼란되어 있
는 경향

도형 A의 위치

- 도형 A(첫 번째 도형)가 어느 위치에 놓이는가도 중요한 지표
- 처음 주어진 자극 카드를 당신은 어디에 그릴 것인가?
- 좌측 혹은 우측 하부 모서리에 그리는 경우는 정신분열증, 심각한 불
  안정성을 시사
- 좌측 상부 모서리에 그리는 경우는 소심, 높은 불안(특히 그림이 작을수
  록)을 의미
- 용지 중앙에 그리는 경우는 자기중심적 경향성을 시사

공간 사용

- 일반적으로 그림의 크기는 정서상태와 관련
- 종이에 도형을 모사할 때 공간을 과도하게 사용하는 것은 정서적으로
  부적응상태나 적대적·과장적이고 독단적인 태도와 관련
- 두 도형 간 공간이 앞 도형의 크기와 비교해 1/2 이상 떨어져 있거나
  1/4 이내로 좁으면 문제가 있는 것으로 봄
- 공간이 비정상적으로 좁거나 넓은 것이 2회 이상 나타나면 정신병리
  를 의심
- 도형 간의 공간이 크면 적대적·과장적일 수 있고, 공간이 작으면 수동
  적·퇴행·분열적 성격 특성을 시사

종이 회전

- 검사자가 세로로 준 종이를 가로로 회전시키는 것과 같은 행동으로, 종이를 이리저리 회전시킨다는 것은 심리적인 불편감의 표현
- 무언가 마음에 들지 않는 것에 대한 저항적 태도와 관련

  (피검자는 검사자가 종이를 주는 방향대로 그림을 그리는 경우가 대부분)

- 주어진 종이를 이리저리 회전한다는 것은 분노감이 많고, 자기주장이 강하며, 검사에 저항적이거나 불편감을 드러내는 것일 수 있음

중첩

- 인접한 두 도형이 겹쳐지도록 그리는 것으로 자아기능장애와 관련
- 3회 이상의 극단적 중첩은 뇌 손상을 의심

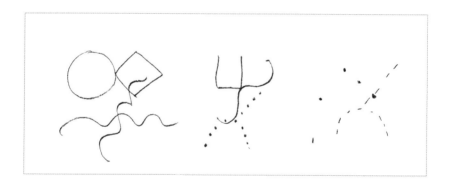

- 뇌 손상이 없더라도 극단적으로 충동적인 경우 도형 간 중첩이 될 가능성
- 7세 이하의 아동에게 중첩은 흔하게 나타남

곡선 곤란

- 도형 6, 8 등에 나타나는 곡선을 묘사하는 데 어려움이 있거나 원래 모양과 다소 다르게 묘사하는 경우로, 정서적 어려움과 관련
- 진폭(곡선을 그릴 때 상하의 높이)이 크면 정서적으로 민감하거나 정서적 반응성이 크고, 진폭이 작으면 우울을 시사

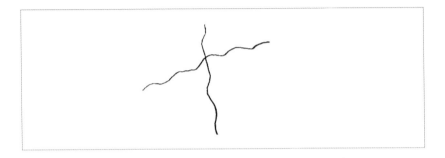

폐쇄 곤란

- 도형의 끝부분, 예를 들면 원의 한 부분이나 사각형의 한 각을 이루는 부분의 끝이 서로 닿지 않고 떨어져 있는 경우
- 도형의 부분들이 서로 접촉되지 않는다는 것은 대인관계에서의 어려움이나 불안과 관련
- 접촉점의 한 부분이 다른 부분으로 침입해 중첩되는 것은 수동적이고 의존적인 욕구 암시

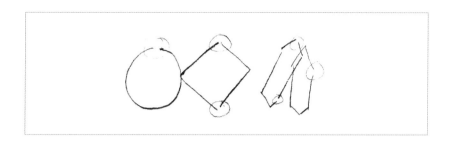

각의 변화

- 사각형이나 오각형, 육각형 등 각을 묘사하는 데 어려움이 있거나 심하게 뭉뚱그려 묘사되는 경우
- 기질적인 문제, 정신지체, 과제를 완성하지 못하는 무능력, 망설임, 자기의심, 불안, 정서조절의 어려움, 불안정감과 갈등을 시사
- 어린아이의 경우에는 미성숙, 학습 등으로 인한 부적응 시사
- 각을 둥글게 그리는 것은 정서적 충동성을, 각을 예리하게 그리는 것은 갈등과 불안정감을 시사

단순화

- 도형을 지나치게 단순하게 묘사하는 경우
- 과제 집중력의 감소, 즉 과제를 완수하기 위해 요구되는 에너지를 충

분히 사용하지 않으려는 태도와 관련

• 행동 통제나 실행기능장애와도 연관

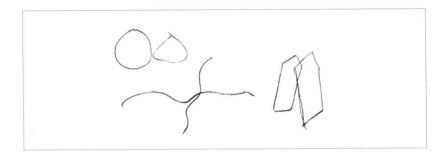

퇴영

• 제시된 자극 도형을 유치한 형태로 묘사하는 것으로, 예를 들면 점을 원이나 고리 또는 대시 등으로 충동적으로 묘사하는 것

• 비교적 심하고 만성적인 방어상태, 자아통합과 자아기능 수행의 실패를 나타냄

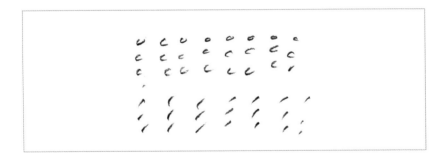

정교화

• 지나치게 정교하게 그리거나 낙서하듯 그려 원래 모양에서 크게 변해버린 경우

- 도형에 꼬리 모양을 덧붙이거나 원 안에 글씨를 쓰는 등 충동 통제의 문제나 강한 외현적 불안과 관련

보속증

- 비슷한 모양이 반복되거나 점 등을 원래 그림에 있는 것보다 많이 그려 넣는 경우
- 장면을 변화나 전환시킬 능력 부족, 한 번 설정된 장면을 유지하려는 완고성이나 고집, 현실검증력의 저하와 관련
- 정신병 환자나 치매 환자에게 흔히 나타남

선의 질

- 선이 떨리게 그려진 떨린 선은 운동 통제가 어렵고 높은 불안이나 신경증적인 문제와 관련. 굵은 선은 외부로 향한 불안의 표현을, 가는 선은 내재화된 불안을 시사. 스케치하듯 그린 선은 부적절감을 보상하려는 태도를 암시

크기의 일탈

- 전체적으로 도형의 크기가 크다면 반항적, 자기중심적, 부적절감, 무력감의 보상

- 반면 전체적으로 크기가 작다면 불안, 퇴행, 두려움, 내면의 적대감을 시사

- 그림의 크기가 점차 커진다면 충동성을, 점차 작아진다면 에너지 수준의 저하를 시사

형태의 일탈

- 접촉점이 떨어지거나 중첩되고, 결합지점 접촉이 안 되거나 지우고 고치기를 반복해 이로 인해 선이 굵어지는 현상

- 적절한 대인관계를 유지해나가기가 곤란함을 시사하고, 이와 관련된 정서 문제를 반영

형태의 왜곡

- 심한 정신병리의 지표, 자아통제의 결여 및 손상, 주로 정신증 또는 기질적 장애와 관련

- 시계 방향의 경미한 회전은 우울증을, 역시계 방향의 회전은 반항적 경향을 시사

- 지적 수준이 높음에도 불구하고 한계 음미 과정(제대로 할 수 있는지 아닌지의 여부를 명확히 하기 위해 도형을 재모사하도록 하는 것)에서도 수정에 실패한다면, 정신증 혹은 기질적 장애 가능성이 높아짐

그림검사

대표적인 투사적 검사 중 하나인 그림검사는 그림이 개인의 심리적 현실 및 주관적 경험을 드러내주기 때문에 개인의 정서적 측면, 성격을 평가하는 도구로 사용할 수 있다.

- BGT 다음으로 보통 그림검사를 실시함
- 그림검사는 집, 나무, 사람, 가족 등을 그리는 것이며 이를 통해 피검자의 심리상태를 어느 정도 파악할 수 있음
- 나이가 많을수록 "그림을 잘 못 그린다."라거나 "그림 안 그린 지 오래 됐다."라며 당황해하고 더러는 어린아이들이나 하는 유치한 것을 시킨다면서 불평하고 저항할 수도 있음
- 그림검사는 BGT와 같이 검사에 대한 불안감을 낮추어주는 역할 이외

에도 많은 정보를 줌

- 특히 아이들의 경우 그림에서 얻을 수 있는 정보가 많으므로 다소의 저항이 있더라도 가능한 한 실시하는 것이 좋음
- 1940년을 전후해서 그림이 개인의 정서적 측면, 성격을 평가하는 도구로 사용할 수 있다는 주장이 대두되면서 그림은 개인의 심리적 현실 및 주관적 경험을 드러내준다는 인식을 근거로 들어 '투사적 그림검사'라는 용어를 사용
- 가장 잘 알려진 검사가 벅(Buck)의 HTP임
- HTP는 당시 벅이 개발하고 있던 지능검사의 도구로 고안되었으나 이후 지능과 성격 모두를 측정하는 수단으로 체계적으로 발전
- 코피츠(Koppitz)는 그림이 내담자의 내면을 표현하는 의사소통의 중요한 수단이라 말하며 투사적 그림검사를 '비언어적 언어'라고 명명
- 피아제의 형식적 조작 단계에 해당하는 12세 이후부터는 논리적 사고 및 언어적 유창성이 발달하기 시작하기 때문에 그림검사에 대해 방어적인 태도를 취할 수 있음
- 피아제의 구체적 조작 단계에 해당되는 11세 이하의 아동들에게 그림은 자신의 내면을 나타내주는 가장 자연스러운 표현수단
- 이 시기의 아동들은 그림을 통해 자신의 내면을 좀 더 자연스럽게 표현하기 때문에 보다 명확한 해석이 가능

- 신민섭, 「그림을 통한 아동의 진단과 이해」, 학지사, 2007

• 대표적인 그림검사에는 HTP, DAP, KFD 등이 있음

HTP

HTP(House-Tree-Person, 집-나무-사람)는 피검자에게 집, 나무, 사람을 그리게 함으로써 피검자의 심리상태를 파악하는 대표적인 그림 투사검사다.

• A4 용지와 연필, 지우개를 준비하고 집, 나무, 사람을 하나씩 그리도록 함
• 종이를 줄 때는 세로로 주고, 피검자가 용지를 회전하거나 방향을 전환하는 것은 자유롭게 할 수 있도록 허용함
• 집, 나무, 사람을 한 장에 하나씩 그리게 하거나 한 장에 모두 그리게 할 수도 있음(K-HTP)

K-HTP

▸ 초등 3학년 남아가 그린 그림이다. 부모로부터 충분한 정서적 돌봄을 받지 못하고 있고 이로 인해 가족 및 또래관계에서 갈등을 빚고 있는 상태다.

- 한 장에 모두 그리게 하는 경우 종이는 가로로 주며, 피검자가 용지를 회전해(가로→세로) 그리는 경우 그대로 둠
- 한 장에 그리는 경우 피검자의 심리적인 역동을 좀 더 잘 파악할 수 있음

DAP

DAP(Draw A Person)는 '인물화검사'로 한 장의 종이(A4 용지)에 사람을 그리도록 한다.

- 먼저 피검자에게 "지금부터 사람 그림을 그릴 거예요. 다만 만화 주인 공이나 막대 그림처럼 그리면 안 되고, 머리에서 발 끝까지 나오도록 그려주세요."라고 지시
- DAP의 경우도 종이는 세로로 줌

DAP

▶ 막대 그림   ▶ 만화 주인공 그림   ▶ ADHD 아동이 그린 그림

- 검사자의 지시에도 불구하고 피검자가 막대나 만화 주인공처럼 그리는 경우 검사에 대해 진지하지 않은 태도나 방어적인 태도를 의심해 볼 수 있음
- 만화 주인공처럼 그림을 그린다는 것은 장난스럽게 검사에 임하면서 자신의 심리상태를 드러내고 싶지 않다는 의미일 수 있음
- 그림이 너무 크거나 비율이 맞지 않아 손과 발을 그릴 공간이 없을 때는 충동성을 의심

KFD

KFD(Kinetic Family Drawing, 동적가족화검사)의 'Kinetic'은 '운동의', '활동적인'의 뜻이다.

KFD

▸ 가족들이 집에서 쉬고 있는 모습을 그린 것인데 엄마와 자신을 포함한 형제들은 밀착되어 있는 반면, 아버지는 상대적으로 가족들과 거리가 떨어져 있는 것으로 묘사했다.

- 가족들이 무엇을 함께하고 있는 것을 그리도록 함으로써 피검자와 가족 간의 관계나 심리 역동을 들여다볼 수 있는 검사
- 성인보다는 어린아이들에게 그리게 하는 경우 더 많은 정보를 얻어낼 수 있음
- 피검자에게는 "가족들이 함께 무엇인가를 하는 것을 그려주세요."라고 주문하고 이번에는 종이는 가로로 줌
- 피검자가 가족 중에 누구를 먼저 그리는지, 그림 속 인물들 간의 거리가 가까운지 먼지, 그리고 생략된 사람이 없는지 등을 확인함

그림검사 실시하고 해석하기

투사적 그림검사는 앞에 소개된 사람 그림검사(DAP), 집-나무-사람(HTP) 그림검사가 있고, HTP에 크레용·색연필 등을 활용해 다시 그려보도록 하는 색채화검사, 빗속의 사람 그림검사, 동물 그림검사, 자화상 그림검사 등이 있다. 여기서는 DAP, HTP, KFD를 위주로 설명한다.

그림검사

어떻게 실시할 것인가?

—

- A4 용지와 연필·지우개 등을 이용해 표준화된 방법으로 시행
- 피검자가 그리고 싶은 대로 자유롭게 그리도록 하되, 그림의 모양·크기·위치·방법에 대한 단서를 제공해서는 안 됨
- 피검자가 질문하면 "마음대로 해도 좋습니다."라고 말해줌
- 이런 비지시적인 절차는 피검자가 자신 내면에 있는 갈등·소망·정서·태도 등을 더 자유롭게 투사할 수 있도록 도울 수 있음
- 다만 사후 질문 시 다음의 특정한 내용이 포함되어야 함

사후 질문

집 그림

- 이 집은 누구의 집인가요?
- 이 집에는 누가 살고 있나요?
- 이 집의 분위기는 어떠한가요?
- 이 집은 나중에 어떻게 될 것 같나요?

나무 그림

- 이 나무는 몇 살인가요?
- 이 나무의 상태는 건강한가요?
- 이 나무는 나중에 어떻게 되나요?
- 이 나무는 계속 자라고 있나요?

사람 그림

- 이 사람은 누구인가요?
- 이 사람은 몇 살인가요?
- 이 사람은 무엇을 하고 있나요?
- 이 사람의 기분은 어떠한가요?
- 이 사람의 소원은 무엇인가요?
- 이 사람은 나중에 어떻게 되나요?

가족 그림

- 가족들이 무엇을 하고 있나요?
- 이 그림을 보면 무슨 생각이 드나요?
- 이 그림을 그린 상황의 바로 전에는 어떤 일이 있었을 것 같나요?
- 이 그림의 가족들은 앞으로 어떻게 될 것 같나요?
- 이 그림에서 무언가 바꿀 수 있다면 무엇을 바꾸고 싶나요?

어떻게 해석할 것인가?

—

구조적 해석

- 그림의 여러 가지 구조적 요소들인 크기·순서·위치와 같은 요소들이 무엇을 의미하는지 하나하나 고려하는 해석방법
- 이를 통해 가설을 도출하고 다른 심리검사 자료들과 비교해 가설을

채택

- 구조적 해석을 할 때 유념해야 할 부분은 일대일 대응을 해서는 안 된다는 것

1) 그림의 순서

- 그림 그리는 순서를 관찰. 머리에서부터 시작하는지 반대로 발부터 시작하는지 등
- 그림을 다시 그렸다거나, 선의 질과 수행 수준의 변화 등이 있는지를 관찰

  예] 사람 그림을 그릴 때 보통은 머리에서 발끝 순으로 그리지만 드물게 아래에서 위로 그리는 경우도 있는데, 한 아동은 사람 그림을 그릴 때 머리를 먼저 그리고, 발을 그렸다가, 몸통을 그렸다가, 지면선을 그렸다가, 지면선에 있는 풀을 그렸다가 정신없이 여기저기 이동하면서 그림을 완성했다. 이 아동은 ADHD와 틱장애의 2가지 장애가 공존질환으로 있는 것으로 진단되었다.

2) 그림의 크기

- 그림의 크기 또한 피검자의 심리상태를 파악하는 데 우선순위로 보는 부분

- 신민섭, 「그림을 통한 아동의 진단과 이해」, 학지사, 2007

- 지나치게 큰 그림은 충동성, 공격성, 행동화 가능성, 조증, 주의력 결핍 등을 시사
- 작은 그림은 자기효능감(개인이 어떤 행위를 잘해낼 수 있다는 믿음이나 기대)의 부족, 수줍음, 사회적 불안감, 억제, 위축, 우울감 등과 관련
- 그림의 크기는 A4 용지의 2/3 정도가 적당함
- 종이에 그림이 거의 꽉 차거나 그림 일부(팔과 다리)를 그리지 못할 수 있고 반대로 눈·코·입이 잘 보이지 않는 정도로 그림의 크기를 작게 그리는 경우도 종종 있음

3) 그림을 종이의 어느 위치에 그렸는가?

- 위쪽으로 치우친 그림은 높은 야망이나 이로 인한 갈등 스트레스와 관련
- 왼쪽 상단은 퇴행적 공상과 관련
- 오른쪽 상단은 불쾌한 과거 기억의 억압, 미래 지향적 환상으로 해석
- 아래쪽으로 치우친 그림은 불안정감, 부적절감, 우울증적 상태를 반영
- 용지 밑바닥이나 가장자리는 불안정감, 자신감 없음, 의존적인 경향, 독립적으로 행동하지 못하고 새로운 경험을 회피하는 경향성과 관련

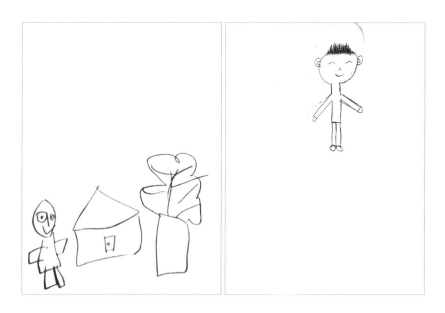

4) 필압이 어떠한가?

- 필압(pressure)은 그림을 그릴 때 손에 들어가는 압력, 힘의 정도를 의미

- 피검자의 에너지 수준, 긴장 정도, 공격성, 충동성에 대한 정보를 줌
- 어린 연령의 경우 힘 조절의 실패로 필압이 높아질 수 있으나 대개 연령이 증가됨에 따라 힘 조절을 해서 필압이 낮아짐

▸ 높은 필압은 긴장감·불안감을 나타내며 공격적이거나 충동성을 시사한다. 필압이 약한 경우 불안·신경증 등 적응의 어려움, 부적절한 대처, 자신 없음, 에너지 수준의 저하 등과 관련이 있다.

5) 선의 질

- 선을 길게 그린 그림은 통제·억제하려는 경향성을 시사
- 선이 끊어지지 않게 한 번에 잘 그린 경우는 안정감·완고함·야심 등을 시사
- 선이 짧게 그려진 그림은 충동성과 흥분성을 시사
- 선을 빽빽하게 그린 경우는 내적 긴장감과 공격적 성향이 관련

6) 그림의 세부 묘사

- 전체 그림과 조화롭지 못하게 나뭇가지, 뿌리, 줄기, 사람 손톱, 콧구멍, 옷의 단추, 신발, 집 지붕, 굴뚝 등과 같은 세부적이고 지엽적인 부분을 강조해 그렸을 경우는 강박성, 과도하게 억제된 경향성을 시사
- 눈이나 손, 발 등 세부 묘사의 생략은 사회적 위축, 에너지 수준의 저하, 우울증을 반영

▸ 성인 여성이 그린 사람 그림으로 눈, 코, 입, 손과 발 등의 세부 묘사가 생략되어 있다. 자신의 심리상태를 드러내고 싶지 않은 것으로 추정된다.

7) 그림을 그리다가 지운 경우

- 그림을 지우는 것은 내적 갈등과 관련
- 그림을 여러 번 지우는 경우 불확실감, 우유부단함, 불안감, 자기불만족 등과 관련
- 눈이나 팔 등을 그렸다가 지운 후 다시 그리지 않았다면 관련된 부분

에 대한 갈등 시사

- 그림을 지웠더라도 그림의 상태가 향상되었다면 이는 적응적인 것으로 간주, 즉 그림을 잘 그리기 위해 지우는 행위는 문제가 되지 않음

▸집을 그렸다 다시 그린 그림으로 처음보다 집의 크기가 작아졌고 그림의 상태가 향상되지 않았다.

8) 투명성이 나타났는가?

- 투명성은 사람을 그릴 때 내부 장기를 그리거나 옷을 입었음에도 가슴(유방)이나 배꼽, 더러는 성기 등을 그리거나 집의 내부를 그리는 것 등
- 6세 미만의 아동의 경우 투명성이 흔하게 나타남
- 인지적 미숙함, 정신지체 등을 반영
- 성인의 경우는 심각한 현실검증력의 장애로 볼 수 있음
- 특히 사람의 내부 장기를 그리는 경우는 정신증적 상태를 시사

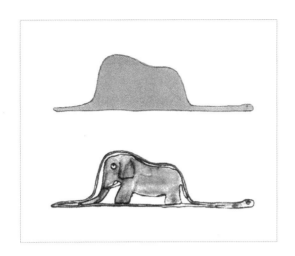

9) 기타

- 그림이 움직이고 있는지, 종이의 방향을 돌렸는지, 지시한 것 이외의 것을 그렸는지 등도 구조적 해석에서 살펴보아야 할 부분(예를 들면 집 옆에 나무나 풀, 동물이나 곤충, 태양 등을 그려 넣는 경우)
- 사람이 걷거나 뛰는 모습 등을 그린 그림은 내적인 유능성, 활동성을 반영
- 움직이지 않고 경직된 그림의 경우 우울감을 시사
- 종이를 계속 돌리는 것은 반항성이나 부정적인 경향성, 내적인 부적 절감을 의미

HTP의 상징적 해석

—

구조적 해석과 마찬가지로 일대일 대응이나 해석은 지양해야 한다.

1) 집 그림
- 집은 사람이 들어가서 살고 활동할 수 있도록 만든 건축물
- 집 그림에는 집에 사는 구성원(가족)과 생활, 관계, 이와 관련된 감정과 소망들이 투영
- 집은 그린 사람의 자아와 현실세계와 어떻게 관계를 맺는지 등에 대한 정보를 줌

집 그림의 해석

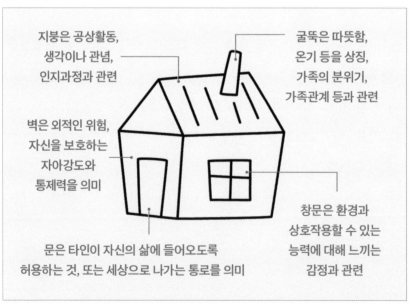

지붕은 공상활동, 생각이나 관념, 인지과정과 관련

굴뚝은 따뜻함, 온기 등을 상징, 가족의 분위기, 가족관계 등과 관련

벽은 외적인 위험, 자신을 보호하는 자아강도와 통제력을 의미

문은 타인이 자신의 삶에 들어오도록 허용하는 것, 또는 세상으로 나가는 통로를 의미

창문은 환경과 상호작용할 수 있는 능력에 대해 느끼는 감정과 관련

• 집을 구성하는 문·창문·벽·지붕·굴뚝 등의 개별적 요소들의 해석을 통해 그린 사람의 심리적 특성을 보다 면밀하게 파악할 수 있음

① 문

• 문은 사람이 들어가고 나오는 통로, 타인이 자신의 삶으로 들어오고, 자신이 세상으로 나가는 통로를 상징

• 문은 세상과의 접근 가능성을 시사

• 문을 그리지 않았다는 것은 다른 사람과의 소통이나 세상으로 나가는 것에 대한 불안감과 저항감, 사회적 위축감이 있다는 의미

• 문의 손잡이를 그리지 않은 경우는 타인과 소통하고 관계를 맺고자 하는 욕구와 이에 대한 저항감이라는 양가감정(상반된 두 감정)을 시사

• 문의 크기가 큰 경우는 사회적 인정이나 수용, 타인과의 관계에 과민

함을 보여주고 작은 문은 타인과 관계를 맺는 것에 대한 거부감이나 불편감을 의미

② 창문

- 창문은 빛이 들어오게 하고 안에서 밖을 볼 수 있고 밖에서도 집 안의 일부를 볼 수 있음
- 창문은 대인관계에서 느끼는 피검자의 주관적 경험으로 환경과 상호 작용하는 능력과 관련된 주관적 감정
- 창문을 그리지 않은 경우는 대인관계에서의 불편감과 위축
- 창문이 지나치게 많은 경우는 과도한 자기개방, 대인관계 욕구, 또는 예민성 등을 시사

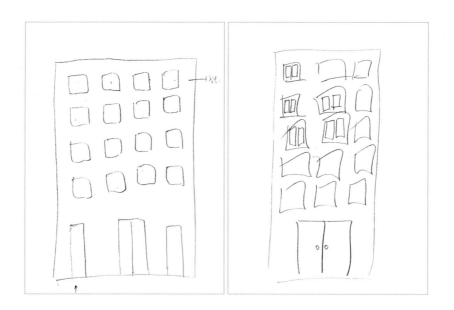

③ 벽

- 집을 지탱하고 외부와 내부를 분리시키며 외부로부터 내부를 보호하고 방어하는 역할

- 상징적으로는 자아가 붕괴되지 않도록 자신을 보호하는 자아강도 및 자아통제력과 관련

- 벽의 선이 적절히 연결되어 있으면서 벽이 2개 이상, 3차원, 선의 질이나 음영이 적당할 경우 자아강도나 자아통제력이 적절하다고 봄

- 벽이 견고하지 못한 것은 자아강도의 감소나 자아통제력이 취약함을 시사

- 벽의 견고함을 지나치게 강조한 것은 자아가 위협받는 것에 대한 두려움, 통제에 대한 과도한 욕구를 시사

④ 굴뚝

- 굴뚝은 집에서 불을 피우면 연기가 나오는 곳으로 불을 쬐거나 혹은 요리를 하거나 하는 곳으로 따뜻함, 온정 등과 관련

- 가족 내 관계와 분위기, 가족들 간의 애정과 교류에 관한 정보를 제공해주고, 애정 욕구의 좌절, 우울감, 불안과도 관련

- 굴뚝에 연기가 나는 그림의 경우는 이런 욕구에 대한 과잉 보상일 가능성

⑤ 지붕

- 지붕은 비나 눈, 햇빛 등을 막아주는 역할을 하며 사람의 머리에 해당

- 공상, 생각이나 관념, 인지 과정과 관련

- 지붕을 그리지 않는 경우는 사고장애나 현실검증력 장애를 시사

- 지붕을 지나치게 강조한 경우는 공상과 인지 과정에 대한 강조, 스트 레스나 압박감 시사

- 지붕이 너무 큰 경우는 인지활동을 강조하고 스트레스 상황에서 공상 적 활동을 통해 욕구 충족을 추구하고 자폐적 공상에 과도하게 몰두 하면서 회피하려는 경향성 시사

⑥ 지면선

- 지면선은 집과 땅(지면)이 맞닿은 것을 표시하기 위해 그리는 선으로

피검자의 현실 접촉, 그 접촉의 안정성과 관련

- 지면선을 그리지 않고 집이 공중에 떠 있거나 집의 바닥을 안정성 있게 그리지 않은 경우는 현실과의 접촉에 문제가 있음을 시사

⑦ 기타

- 집을 위에서 아래로 내려다보는 모습으로 그린 경우는 현재 상황에 대한 불만족을 시사
- 아래에서 위로 올려다보는 모습으로 그린 경우는 가족관계에서 수용되지 못함을 시사
- 멀리 떨어져 있는 집은 집으로부터 분리하고 싶으나 그렇게 할 수 없다는 무력감을 시사

2) 나무 그림

- 나무 그림은 사람 그림과 마찬가지로 자기개념 측면과 관련
- 사람 그림은 의식 수준에서의 자기 자신과 환경의 관계가, 나무 그림은 무의식적인 수준에서의 자기와 자기개념에 부여된 내면 감정이 투영된 것
- 다시 말해 사람 그림은 직접적인 자기와 관련이 있어 그리기를 꺼려하는 경우가 있는데, 나무는 직접적으로 자기와 관련 있는 것으로 생각되지 않기 때문에 사람 그림보다 방어가 덜 일어남
- 나무 그림에는 내담자의 자기상이 투영되는 경우가 많음. 자기상이 빈약하거나 취약한 경우 나무 그림에 이러한 부분들이 반영

나무 그림의 해석

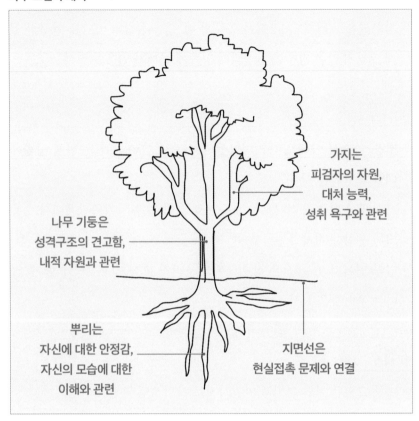

가지는
피검자의 자원,
대처 능력,
성취 욕구와 관련

나무 기둥은
성격구조의 견고함,
내적 자원과 관련

뿌리는
자신에 대한 안정감,
자신의 모습에 대한
이해와 관련

지면선은
현실접촉 문제와 연결

① 나무 기둥

• 나무 기둥은 나무를 지탱해주는 기능을 하며, 사람의 몸통에 해당

• 나무에서 가장 중요한 부분으로 피검자의 성격구조의 견고함과 내적
자원(힘)을 나타냄

• 지나치게 필압이 강하게 윤곽선을 그린 경우는 자기의 성격구조에 대
한 위협에 대한 방어, 자아분열에 대한 두려움을 의미

- 윤곽선을 흐리게 그린 경우는 정체성 상실, 자아붕괴에 대한 불안감을 시사
- 기둥에 옹이를 그린 경우는 성장 과정에서 경험한 외상적 사건으로 인한 상처를 의미
- 옹이 안에 동물을 그린 것은 안전하고 숨고 싶은 장소를 의미, 일시적 퇴행을 통해 손상되고 고갈된 힘을 회복하고자 하는 욕구와 관련 있음

② 가지

- 나무의 가지는 광합성을 통해 성장하고 세상을 향해 뻗어나가는 부분으로 주변 환경으로부터 만족을 얻고 타인과 접촉하는 데 필요한 자원, 대처 능력, 발전 가능성, 성취 욕구와 노력하는 태도 등과 관련
- 나무의 가지는 사람의 팔과 유사한 기능, 이것을 그리지 않은 경우는 세상·타인과의 상호작용의 위축을 시사
- 나무의 가지를 크게 그렸을 경우 성취 동기나 욕구가 높고, 작게 그렸을 경우 상황대처 능력의 부족, 세상과 환경에 대한 수동적 태도를 나타냄

③ 뿌리

- 뿌리는 나무가 안정적으로 설 수 있도록 받쳐주는 근원적인 부분
- 자신에 대한 안정감, 자신의 모습에 대한 이해와 관련
- 뿌리를 그리지 않은 경우는 현실 속에서 자신에 대한 불안정감, 자신감 부족을 시사
- 뿌리를 강조해서 그린 경우는 불안에 대한 과잉 보상을 의미

④ 기타

- 마치 열쇠 구멍처럼 한 번에 선을 이어서 그린 나무 그림(kehhole tree)은 저항적이고 부정적인 태도와 관련
- 거의 노력을 기울이지 않고 그림을 그리는 것으로 저항적이고 방어적인 태도에 기인

- 우울과 위축된 경우에도 종종 나타날 수 있음
- 나무에 열매, 꽃, 새, 둥지 등을 그려 넣은 경우는 세상과의 상호작용에서의 불안에 대한 보상 욕구를 시사
- 아동의 그림에서 자주 나타나는데, 특히 과일은 사랑과 관심을 받고자 하는 욕구와 관련

3) 사람 그림
- 나무 그림처럼 사람 그림도 자기개념과 관련
- 나무보다 직접적으로 자기와 관련
- 자기개념, 자기표상, 자기상 등이 나타나 있고, 중요한 인물, 타인에 대한 표상 등이 투사

① 머리
- 머리는 사람의 신체 중 가장 중요한 부분
- 사물을 인지하고 일상생활을 하고 중요한 의사결정을 하는 등 우리 신체의 집행자 역할
- 사람의 인지적·지적 능력, 공상활동과 관련, 이런 역할과 능력 등을 상징
- 머리를 크게 그린 경우는 자신의 지적 능력에 대한 과시 또는 과잉 보상 욕구, 공상에 몰두하는 경향성을 시사
- 어린아이들은 대개 머리를 크게 그리는 경우가 많고, 지적 능력이 부족한 피검자도 머리를 가분수처럼 크게 그리는 경우가 흔함

사람 그림의 해석

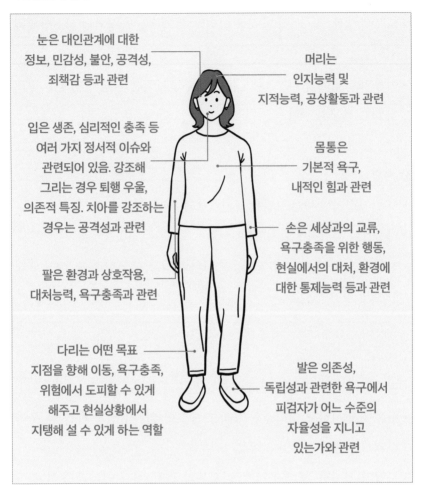

눈은 대인관계에 대한
정보, 민감성, 불안, 공격성,
죄책감 등과 관련

머리는
인지능력 및
지적능력, 공상활동과 관련

입은 생존, 심리적인 충족 등
여러 가지 정서적 이슈와
관련되어 있음. 강조해
그리는 경우 퇴행 우울,
의존적 특징. 치아를 강조하는
경우는 공격성과 관련

몸통은
기본적 욕구,
내적인 힘과 관련

손은 세상과의 교류,
욕구충족을 위한 행동,
현실에서의 대처, 환경에
대한 통제능력 등과 관련

팔은 환경과 상호작용,
대처능력, 욕구충족과 관련

다리는 어떤 목표
지점을 향해 이동, 욕구충족,
위험에서 도피할 수 있게
해주고 현실상황에서
지탱해 설 수 있게 하는 역할

발은 의존성,
독립성과 관련한 욕구에서
피검자가 어느 수준의
자율성을 지니고
있는가와 관련

• 야한 생각을 많이 하면 머리카락이 빨리 자란다는 이야기가 있듯이
머리카락은 성적인 부분을 상징, 공격성, 자기애성 특성과도 관련

▶ 40대 여성이 그린 그림으로 현재 자신의 모습을 묘사한 것으로 보인다.

▶ 조증상태에 있는 피검자가 그린 그림. 전체적으로 그림 크기가 크고 머리가 상대적으로 크게 그려져 있다. 콧구멍, 손톱 등이 강조되어 충동적이고 공격적인 상태를 시사하며, 큰 눈은 대인관계에서의 예민성을 시사한다.

② 얼굴

- 얼굴은 신체 중 손을 제외하고 외부로 노출된 부위
- 의사소통을 하고 대인관계를 유지하는 데 가장 중요한 역할
- 얼굴은 세상과 소통하고 사회적으로 접촉을 하는 부분이자, 타인에게

보이는 부분이기에 대인관계에서의 민감성과 관련

- 얼굴을 강조하거나 특히 부릅뜬 눈을 같이 그려 넣는다면 대인관계에서 민감성·예민성·경계심 등이 강한 것으로 추측
- 뒤통수를 그리는 경우는 세상과의 직면을 꺼리고 회피함을 시사
- 옆얼굴을 그리는 경우는 자신감의 결여, 직접적인 사회적 접촉의 회피를 시사

③ 눈

- 눈을 '마음의 창'이라고 함
- 눈은 집 그림의 창문과 마찬가지로 '세상을 향한 창문'과 같은 역할
- 눈은 외부에서 정보를 받아들이는 감각기관
- 실제로 우리는 눈을 통해 가장 많은 정보를 받아들임
- 눈은 그 사람의 태도나 감정을 드러냄
- 눈을 그리지 않는 경우는 타인과의 감정교류에서 불안감, 회피하는 경향성을 시사
- 한쪽 눈만 그린 경우는 감정교류에 대한 양가감정을 시사
- 눈을 가린 경우는 위축된 감정 표현을 의미
- 눈을 크게 그린 경우는 타인에 대한 예민성, 사회적 상호작용에서의 위축과 회피
- 눈을 진하게 그리거나 강조하는 경우는 감정교류에서의 불안감과 긴장감, 방어적 태도와 편집증적 경향성을 시사

▸ 크게 부릅뜬 눈은 주변 상황과 사람들에게 예민하게 반응하고 있는 것으로, 대인관계의 예민성을 시사한다.

④ 귀와 코

- 귀와 코는 눈과 마찬가지로 정보를 받아들이는 감각기관으로, 정서자극을 수용하고 이에 반응하는 방식과 관련
- 이를 강조해 그리는 경우 비판적 태도나 편집증적 특징을 시사
- 나이가 어리거나 미성숙한 경우에는 가끔 귀와 코를 강조해서 그리기도 하는데 미성숙한 태도 또는 공격적인 성향과 관련

▸ 콧구멍을 강조해 그린 경우는 불필요한 세부 묘사를 한 것으로, 미성숙함과 공격성 등을 시사한다.

⑤ 입과 치아

- 입은 음식을 먹고 의사소통을 하는 기관. 생존, 기본적인 욕구와 관련
- 입을 그리지 않는 경우 정서적 교류에서 좌절·위축·양가감정을 시사
- 입을 크게 그린 경우는 타인과의 정서적 교류에서 불안감을 시사
- 치아를 그리는 경우는 흔하지 않으나, 6세 이상의 아동이 이를 그려 넣는 것은 주로 정서·애정의 욕구 충족에서 심한 좌절감 등을 시사
- 이를 뾰족하게 그린 것은 공격성과 내면의 불안감을 시사

⑥ 목

- 목은 머리와 몸을 연결하는 통로로, 심리학적으로는 자아와 이드(id) 간의 조화를 의미
- 목이 짧거나 없다면 충동적일 수 있고 길고 정교화되어 있다면 경직 된 태도나 심리적 억제 등과 관련

▶ 모딜리니아의 그림에서 여성들은 목이 길고 어깨가 처 져 있다. 이 시기에 모딜리니아가 몸이 아팠다는 이야기 가 있다.

⑦ 어깨

- 어깨는 신체적 힘에 대한 욕구, 책임감과 관련
- 어깨를 지나치게 크게 그린 경우 책임감, 지배욕구, 권위적 태도를 나타냄
- 또는 자신의 신체적 부적절함을 과잉 보상하고자 신체적 힘을 동경, 강조함을 시사
- 좁고 작은 어깨는 책임완수에 대한 두려움, 부적절감, 무력감, 위축감, 수동적 태도를 시사
- 미취학 아동이 아닌 연령에서 어깨의 생략은 신경학적 장애나 지적장애일 가능성 의심*

⑧ 몸

- 몸은 우리 신체의 중심으로, 주요 장기가 있고 신체를 지탱하는 기둥과 같은 역할
- 몸통은 기본적 욕구, 내적인 힘과 관련
- 젖가슴 및 유방은 엄마에 의한 거절을 상징, 의존·애정 욕구와 관련
- 여성의 유방을 강조해서 그린 것은 성적인 측면과 관련
- 엉덩이의 묘사는 미성숙성을 시사

---

* 이우경·이원혜, 『심리평가의 최신 흐름』, 학지사, 2019

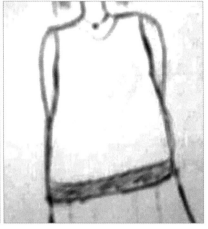

‣ 팔을 그리지 않거나 뒤로 보이지 않게 그리는 경우 대인관계에서의 위축과 문제 상황에서의 대처 능력 부족 등을 시사한다.

⑨ 팔과 손

- 팔은 우리의 신체 중에서 음식을 먹고, 글을 쓰고, 물건을 들고 이동을 시키는 등 일상생활에서 여러 가지 역할을 하는 실행기관
- 팔은 환경과 어떻게 상호작용하는지, 현실 속에서 어떻게 대처하고 자신의 욕구를 충족시키는지와 관련
- 팔을 그리지 않거나 팔을 뒤로 하고 있는 모습을 그렸다면, 팔의 기능이 축소를 의미
- 대인관계나 사회적 대처기능에서 어려움이 있고 무기력감 등을 시사

▸ 여동생이 엄마에게 혼나서 눈물을 흘리고 있는 그림. 여동생은 피검자 자신을 간접적으로 표현한 것으로 보이며 피검자의 모자관계에 대한 양가감정이 드러나 있는 것으로 보인다.

- 팔과 마찬가지로 손은 세상과의 교류, 자신의 욕구 충족을 위한 행동, 현실에서의 대처, 환경에 대한 통제 능력 및 방식과 관련
- 손을 그리지 않거나 주먹 쥔 손이나 두루뭉술하게 묘사된 손 그림은 이러한 부분에서 어려움을 시사

⑩ 다리와 발
- 다리는 우리 신체를 어떤 목표 지점을 향해 이동시킬 수 있는 실행기관
- 충족감을 줄 수 있는 원천으로 위험으로부터 도피할 수 있게 해주고, 현실 상황에서 지탱해 설 수 있게 하는 역할
- 발은 의존성, 독립성과 관련한 욕구, 피검자의 자율성 수준과 관련

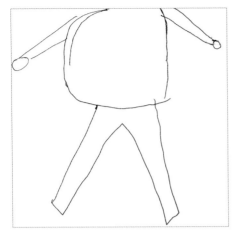

▶ 중1 남학생의 그림으로 손과 발의 묘사가
잘 되어 있지 않다.

KFD의 구조적 해석

—

KFD는 피검자의 주관적인 가족 구성원에 대한 이미지를 표현하도록 하
는 그림검사다.

- 가족 중에서 피검자의 입장에서 봤을 때 누가 가장 영향력이 있고 중
  요한 인물인지, 그리고 좋아하거나 싫어하는 인물은 누구인지, 가족
  구성원 간 친밀감과 단절감 등에 대한 정보
- 아동의 경우 가족화를 통해 많은 정보를 얻을 수 있기에 가능하면 가
  족화를 그리게 함
- 가족관계나 가족 내부에서 일어나는 역동 등을 확인할 수 있음
- 번스(Burns)와 카우프만(Kaufman)은 가족 구성원들이 '무엇인가를

‣ 가족들의 얼굴 표정이 그려지지 않았다. 이는 가족 내에서 피검자가 느끼는 갈등이나 정서적 어려움 등을 회피하려는 시도로 해석해볼 수 있다.

‣ 가족들이 어딘가로 놀러가서 즐겁게 시간을 보내고 있는 그림이다.

하고 있는' 그림을 그리도록 하는 동적 가족화를 개발

• 단순히 가족을 그리라고 했던 이전의 가족화에서는 가족 구성원을 각각 묘사하기 때문에 가족 간 관계에 대한 상호작용이 잘 드러나지 않은 경우가 많았음

- 가족원들이 무엇인가를 함께하는 것을 그리게 함으로써 가족 간 상호 작용이 더 잘 드러날 수 있게 됨

동적 가족화를 해석할 때는 다음과 같은 사항들을 확인한다.

1) 가족 구성원을 그린 순서와 빠진 사람이 있는지를 확인하기

- 가족 구성원을 그리는 순서는 가족 내 서열 혹은 정서적·심리적으로 중요한 대상의 순서와 관련
- 가장 먼저 중앙에 그리는 사람이 그 가족 내에서 주도권을 가지고 있음을 시사
- 개개인 간의 그림이 가깝게 있는지 멀리 떨어져 있는지 여부는 관계가 돈독한지 소원한지 등에 대한 정보
- 그림에서 빠진 대상은 피검자가 무의식적으로 그 가족 구성원에 대해 부정적인 감정
- 구석에 자리하고 있거나, 뒷모습을 그리고, 심지어 그 대상을 검게 칠한다든지 하는 것도 비슷한 맥락으로 해석
- 자신을 맨 중앙에 가장 먼저 그릴 경우 자기중심적 경향성, 구석에 작게 그리면 소외 의심
- 가족 중 한 명을 그리지 않은 피검자들이 종종 있는데, 그리지 않은 대상에 대한 억압된 분노감이 내재되어 있는 경우

  예] 한 초등학생 피검자는 자신의 형을 그리지 않았다가 나중에 뒷모습을 그리고 검게 칠했는데, 평소 형이 자주 때려서 형에 대한 부정적인 감정이 있었

던 것으로 보인다.

2) 가족 구성원들이 각각 어떤 활동을 하고 있는지 확인하기

- 가족 중 누구와 누가 상호작용을 하고 있는지, 상호작용을 위해 어떠한 행동을 하고 있는지, 가족 내 구성원들의 역할, 상호작용 방식, 정도를 추정
- 또한 공격성, 애정 욕구, 분노감, 우울감 등도 함께 추측

  예] 아버지가 화난 표정으로 야구방망이를 들고 있는 그림을 그렸다면, 이는 아버지에 대한 두려움과 분노감이 내재되어 있다고 볼 수 있다.

- 총이나 칼, 방망이 등은 공격성, 분노감 등을 상징
- 그림에 묘사된 인물들 간의 거리는 심리적인 거리를 의미
- 심리적·정서적으로 가까운 인물들끼리는 근접하게 그리는 경우가 많고, 그렇지 않으면 멀리 떨어져 그리는 경우가 많음

  예] 가족 구성원들 간의 거리는 가깝게 그리고 피검자 자신만 떨어져 있는 모습으로 그렸다면, 가족 내에서 피검자가 소외감을 느끼고 있음을 드러내는 것이라 볼 수 있다.

- 집 내부를 나누어서 가족 구성원들을 서로 분리해 그리는 경우는 가족 내 응집력이나 상호작용의 문제를 시사
- 가족으로부터 자신의 감정을 철회하고 분리시키려는 욕구와 관련이 있을 수 있고, 외로움이나 억압된 분노감을 드러내는 것일 수 있음

  예] 엄마는 부엌에 요리를 하고 있고 아빠는 거실에서 TV를 보고 있고 자신은 방에서 컴퓨터를 하는 모습을 그렸다면, 각자의 공간에서 소통하지 않고

자신의 일에만 몰두하는 모습이 그대로 드러나 있는 것이라 볼 수 있다.

한 아동은 안방, 거실, 부엌, 자신의 방을 그려 넣고 자신만 방에서 놀고 있는 모습을 그렸다. 엄마와 아빠는 어디 갔는지 물어보니 "엄마는 장 보러 갔고, 아빠는 출장 갔다."라는 대답을 했는데, 이 경우는 심각한 소통의 문제로 정서적인 교감이나 상호작용이 거의 없음을 드러낸다고 볼 수 있다.

두 인격의 만남은 두 화학물질의 접촉과 같다.
어떤 반응이 일어나면 양쪽 모두 바뀐다.
-칼 구스타프 융

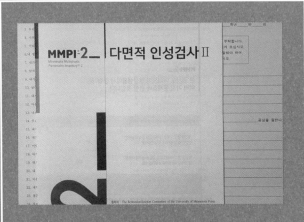

MMPI는 대표적인 객관적인 검사로 전 세계적으로 가장 널리 쓰이고 있는 검사이기도 하다. MMPI는 원래 정신과적 진단 분류를 위해 사용되었으나, 일반인 대상으로 성격 특성에 대한 측정도 어느 정도 가능하다.

파트 3에서는 MMPI의 실시와 해석에 대해서 다루며, SCT도 간략하게 다룬다. SCT는 투사검사의 일종으로 미완성된 문장을 완성하도록 하는데, 이 과정에서 피검자의 무의식적 특성이 드러나게 된다. 임상현장에서는 MMPI와 SCT를 묶어서 사용하는 경우가 많다. MMPI를 통해 드러난 특성과 SCT에 표현된 내용들을 비교하면 보다 구체적인 정보를 얻을 수 있다.

MMPI와 SCT,
제대로 이해하기

MMPI

MMPI(Minnesota Multiphasic Personality Inventory)는 임상장면에서 가장 널리 사용되고 있는 대표적인 성격검사다. 1943년 미국 미네소타 대학교에서 효율적이고 신뢰할 수 있는 진단을 위해 경험적 문항 선정방법을 최초로 도입해 MMPI을 만들게 되었다.

- 해서웨이(Hathaway) 박사와 맥킨리(McKinley) 박사가 개발(1943)
- 해서웨이와 맥킨리는 경험적인 방법(empirical keying approach)을 적용해 MMPI의 다양한 척도를 구성
- 피검자들이 자신을 드러내고자 하는 의도에 따라 반응을 왜곡할 수 있다는 문제가 있는데, 경험적인 방법을 통해 이러한 단점들을 극복함*

MMPI

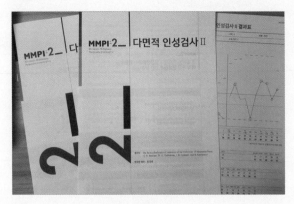

논리적인 방법 vs. 경험적인 방법

논리적인 방법	경험적인 방법
• 기존에 사용되던 성격검사들은 논리적인 방법으로 문항을 선정하고 제작했음 • 논리적인 방법(logical keying approach)은 안면타당도에 근거해 논리적으로 문항을 선택·제작 • 안면타당도는 심리검사 등에서 측정하는 방법이 측정하고자 하는 변인을 외형적으로 얼마나 잘 반영하고 있는가의 정도를 말함[**]	• 어떤 문항이 개인이 속한 집단을 잘 변별하고 있는지 경험적으로 검토한 뒤에 문항을 선정하는 방법 예] 우울로 진단된 집단과 정상집단을 통해 얻은 문항을 우울증 척도에 포함시키는 것 • 그 다음 문항들을 통해 측정하려는 속성을 잘 드러내는 반응이 무엇인지를 검사 제작자가 주관적으로 판단해 채점함 • 그 당시 매우 혁신적인 방법이었고, 기존의 주관적인 방법의 단점들을 보완함

• John R. Graham 저/이훈진 외 역, 『MMPI-2 성격 및 정신병리 평가』, 시그마프레스, 2008
•• John R. Graham 저/이훈진 외 역, 『MMPI-2 성격 및 정신병리 평가』, 시그마프레스, 2008

- 원판 MMPI는 4개의 타당도척도와 10개의 임상척도로 구성
- 이후 성적인 문항, 특정 종교 편향, 시대에 맞지 않는 내용 등을 개선하고 자살, 약물, 부부 문제, A유형 성격(Type A behavior) 등을 추가해 개정된 MMPI-2를 만들었음(1989)[*]

MMPI-1 타당도척도와 임상척도

타당도 척도	?	알 수 없음
	L	부인 척도
	F	F척도
	K	K척도
임상 척도	신경증 척도 1(Hs)	건강염려증(hypochondriasis)
	2(D)	우울증(depression)
	3(Hy)	히스테리(hysteria)
	4(Pd)	반사회성(psychopathic)
	5(Mf)	남성성-여성성 특성(masculinity-famininity)
	정신 병리 척도 6(Pa)	편집증(paranoia)
	7(Pt)	강박증(psychastheina)
	8(Sc)	정신분열증(schizophrenia)
	9(Ma)	경조증(hypomania)
	0(Si)	내향성(social introversion)

※ 9, 4, 8(6) 척도는 활동성·행동화와 관련된 요소이며, 2, 5, 0(7) 척도는 억제와 관련된 요소

- John R. Graham 저/이훈진 외 역, 『MMPI-2 성격 및 정신병리 평가』, 시그마프레스, 2008

- 성인의 경우 BGT와 그림검사 후에 MMPI와 SCT를 실시하는 경우가 많음
- 원칙적으로 검사실에서 실시해야 하지만, 시간상의 문제로 MMPI는 SCT와 함께 미리 작성해서 가져오기도 함
- 아동의 경우는 SCT만 실시하고 그 외 추가로 검사를 실시할 수 있으며(연령이 있는 경우, 인성검사 또는 사회성숙도검사 등), 부모가 대신 MMPI를 실시하는 경우가 많음
- 청소년의 경우 청소년용(MMPI-A: 13~18세)을 실시할 수 있음
- 총 문항이 567문항(재구성판의 경우 338문항)으로 구성되어 있고 답안지에 그렇다(○), 아니다(×)로 체크하도록 되어 있음
- 검사에 정답이 없으므로 자기 생각에 조금이라도 더 가까운 쪽으로 응답하면 됨

건강 염려증

건강염려증(hypochondriasis)은 신체 증상이나 기능에 대한 잘못된 해석을 근거로 자신이 심각한 질병에 걸렸다는 두려움이나 생각에 집착하는 것이다.

- MMPI에서 이 척도 1(건강염려증)과 관련
- 척도 1이 상승하면 불필요하게 자신의 건강을 걱정하고 신체 질병에 집착하면서, 스트레스나 부정적인 정서를 억압하고, 주로 신체화하는

건강염려증

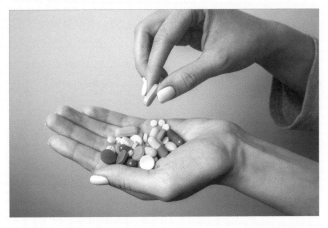

경향이 있음
- 신체화는 신체적 언어로 표현하는 것으로 주로 아프다고 징징댐
- DSM-5(정신질환 진단 및 통계편람-5)에서는 '질병불안장애(Illness anxiety disorder)'로 명칭이 변경됨
- 히스테리성 특성을 가진 사람들이 이 척도 1과 척도 3(히스테리)이 동반 상승함
- DSM-5의 진단기준에 따르면, 질병불안장애가 있는 경우 보이는 증상들은 다음과 같음
  - 심각한 질병에 대해 몰두하는데 신체 증상들이 나타나지 않음
  - 비교적 가벼운 신체 증상임에도 건강에 대한 높은 수준의 불안과 건

- 박소진, 『영화 속 심리학 2』, 소울메이트, 2015

강상태에 대한 높은 경각심

- 지나친 건강 관련 행동(반복적으로 질병의 신체 징후를 확인하는 등의 행동)을 보임

- 순응도가 떨어지는 회피 행동(의사 검진 예약과 병원을 회피하는 등의 행동)을 보임

- 질병에 대한 몰두가 적어도 6개월 이상 지속(두려움을 느끼는 질병은 변화할 수 있음)

우울증

우울은 일반적으로 심리적 감기에 비유되며 누구나 흔하게 경험한다. 그러나 우울감과 우울증은 다르며, 우울증으로 진단되려면 진단기준에 부합해야 한다.

• MMPI의 임상척도 2가 우울증(depression)과 관련이 있음

우울증

- 우울장애(depressive disorders)에는 주요우울장애, 지속성 기분장애, 파괴적 기분조절 부전장애, 월경전 불쾌감장애 등이 포함
- 주요우울장애는 한 번 이상의 주요 우울증 삽화(episode)(최소 2주간의 우울기분, 흥미의 상실 등이 나타남)가 나타남
- 모든 질환의 공통적인 양상은 슬프고 공허하거나 과민한 기분이 들고, 개인의 기능 수행 능력에 영향을 주는 신체적·인지적 변화가 동반[*]

히스테리

히스테리(hysteria)는 '자궁(womb)'을 뜻하는 그리스어에서 유래한 단어다. 그 당시 히스테리가 뜻하는 정서적 장애가 여성에게만 나타난 것은 자궁에 장애가 있기 때문이라고 생각했기 때문이다.

- 정신분석학은 모든 히스테리를 무의식적 갈등의 산물인 신경증이라고 생각함[**]
- 전술한 바와 같이 주로 척도 1과 동반 상승되는 경우가 많음
- 최근에는 히스테리라는 용어가 여성을 비하한다고 해 '연극성(histrionic)'이라는 용어 사용
- 연극성(히스테리성) 성격적 특성으로 일상생활이나 대인관계 등 여러

- APA, 『정신질환의 진단 및 통계 편람』, 학지사, 2013
- [**] 데이비드 스텟 저/정태연 역, 『심리학 용어 사전』, 도서출판 끌리오, 1999

히스테리 성격 특성

▸ 과도한 애정 욕구를 가지고 있으며, 스스로는 사회적으로 유능하고 적응
  을 잘하는 존재로 여김
▸ 부인이나 억압을 자주 사용하는데, 타인에게 잘 보이려고 노력하면서 불
  안이나 공격성은 억압하고 욕구가 좌절되어도 이로 인한 진정한 감정인
  좌절감은 숨기면서 착한 척, 아무렇지도 않은 척하며 유혹적이고 친밀감
  을 강조하는 경향이 있음
▸ 매우 감정적이며 끊임없이 주목받고자 노력하면서 부정적인 정서를 억
  압하는데, 이는 부정적인 정서가 주는 불편감을 처리하고 인식하지 않고
  자 하는 시도로 해석되며 신체 증상으로 전환되어 나타나는 경우가 많음

연극성 성격장애

▸ 자신이 관심의 중심에 있지 않은 상황을 불편해하고, 대인관계에서 보여
  지는 외모나 행동이 부적절하게 성적·유혹적이며, 감정이 빠른 속도로
  변화하고 피상적으로 표현
▸ 자신에게 관심을 집중시키기 위해 지속적으로 외모를 사용하고, 지나치
  게 인상적이며, 세밀함이 결여된 형태의 언어를 사용
▸ 자기극화, 연극성, 그리고 과장된 감정의 표현을 보이며 피암시적임, 즉
  다른 사람이나 상황에 쉽게 영향을 받음[*]

---

* APA, 『정신질환의 진단 및 통계 편람』, 학지사, 2013

상황에서 문제를 일으킨다면 '연극성 성격장애(histrionic persona lity disorder)'를 의심

반사회성

반사회성은 MMPI의 척도 4와 관련이 있는 성격 특성으로, 여기서 말하는 '반사회성'이 '반사회성 인격장애(antisocial personality disorder)'를 의미하는 것은 아니다.

개념 더하기

반사회성 인격장애

- 15세 이후에 시작되고 다른 사람의 권리를 무시하는 행동양상
- 법적 행동 관련 사회적 규범에 맞추지 못하고, 반복적 거짓말, 충동적이거나 계획적이지 못함
- 불안정성 및 공격성, 자신이나 타인의 안전을 무시하는 무모성, 지속적인 무책임성
- 타인을 해치거나 물건을 훔치는 것에 대해 이를 합리화하는 등 양심의 결여
- 최소 18세 이상이어야 하고, 15세 이전에 품행장애가 시작된 증거가 있어야 함*

• APA, 『정신질환의 진단 및 통계 편람』, 학지사, 2013

- 반사회적 성격은 비사회적이고 비도덕적인 유형으로 진단된 주로 17~22세 사이의 젊은이들을 규준집단으로 사용해 경험적으로 구성된 척도(MMPI 규준집단에 주요 범죄자는 포함되지 않았고, 거짓말·절도·성적 문제·음주 등의 일상생활에서의 일탈행동이 포함됨)
- 반사회성은 흔히 '사이코패스(psychopath)' 또는 '소시오패스(sociopath)'라는 용어와 혼용해 사용되고 있지만, 공식적인 진단명은 반사회성 인격장애임

편집증

편집증(paranoia)은 척도 6과 관련된 성격 특성으로 사람들은 의심과 경계심이 많고 적대적이며 민감하고 논쟁적이며 남 탓을 잘한다. 이런 성향이 지나치다면 편집성 인격장애(paranoid personality disorder)를 의심할 수 있다.

- 이들은 흔히 무엇인가에 집착하는 사람으로 묘사되는 경우가 많음
- 대표적인 예가 의처증과 의부증으로, 애인이나 배우자가 바람을 피웠다고 의심하는 경우로 이들은 사소한 증거들을 수집하며 이를 바탕으로 바람을 피웠다고 주장하지만, 그 대부분은 근거가 부족함
- 이들은 자신의 생각에 반하는 증거를 들이대더라도 생각을 바꾸지 않

---

* 김중술, 『다면적 인성검사』, 서울대학교 출판부, 2004

고 이들의 끊임없는 의심은 거의 망상에 가까움

강박증

척도 7이 측정하는 것은 오랫동안 지속되어온 만성적 불안이며 때로는
스트레스 상황(상태불안)에 상승할 때도 있지만, 원칙적으로 이 척도는
걱정을 많이 하는 성격형(특성불안)에서 나타나는 스트레스 상황을 측정
한다.

• MMPI 제작 당시 'psychasthenia(정신쇠약)'라는 진단명은 요즈음의
  강박증에 가장 가까우며, 부적응적임을 알고 있음에도 불구하고 특정

• APA, 『정신질환의 진단 및 통계 편람』, 학지사, 2013

행동이나 사고를 하지 않을 수 없는 상태가 특징

• 강박 및 관련 장애는 강박장애, 신체이형장애, 수집광(hoarding disor der), 발모광, 피부뜯기 장애 등 포함

개념 더하기

강박장애(obsessive compulsive disorder)

▸ 강박사고(obsessive)와 강박행동(compulsive)으로 나누어 설명할 수 있음

▸ 강박사고와 강박행동은 각각 존재하거나 동시에 존재할 수 있음

▸ 강박사고는 반복적·지속적·침투적임

▸ 강박사고는 원치 않지만 어쩔 수 없이 경험되고 이로 인해 극심한 불안 이나 괴로움이 유발

▸ 이러한 생각·충동·심상을 무시하거나 억압하기 위해서 강박행동이 나 타남

　예 손 씻기, 정리정돈하기, 확인하기, 기도하기, 숫자 세기 등

▸ 이런 강박행동은 자신만의 엄격한 규칙에 따라 수행됨

▸ 이런 행동은 실제로는 효과적이지 못할 뿐만 아니라 과도하고 지나침

▸ 강박사고나 강박행동은 사회적·직업적, 중요한 영역에서 현저한 고통이 나 손상을 초래

• 박소진, 『영화 속 심리학 1』, 소울메이트, 2014

정신분열증

정신분열증(schizpphrenia)은 척도 8과 관련되어 있으며, 최근에는 '조현병'으로 명명되었다.

- MMPI에서 이 척도가 높다고 해서 무조건 조현병으로 간주해서는 안 됨
- 임상장면에서 실제 조현병 환자들, 특히 만성적인 경과를 밟고 있는 환자들은 이 척도가 오히려 낮게 나오는 경우가 많음
- 이 척도는 정신병적인 측면과 함께 비전형적, 다시 말해 다른 사람들이 반응한 것과 다르게 반응한 것을 측정하기 때문에 F척도가 상승할 시 동반 상승하는 경우가 많음
- 조현병은 망상(근거 없는 믿음으로, 가장 흔한 것은 피해망상·과대망상), 환각(존재하지 않는 것을 실재하는 것처럼 경험하는 것으로 헛것이 보이거나 들리는 현상, 가장 흔한 것은 환청), 와해된 언어나 행동, 긴장성 행동, 음성증상(감퇴된 감정, 무욕증) 등이 나타나야 함. 또한 증상이 6개월 동안 지속되어야 하고, 활성기 증상이 1개월 이상 되어야 함

경조증

경조증은 MMPI에서 척도 9로 정신적 에너지 수준을 측정하며, 이 척도가 높은 경우 열정적이다.

- 경조증(hypomania)은 양극성장애에서 나타나는 증상 중 하나로, 양극성장애는 흔히 '조울증'으로 잘 알려진 장애
- '양극'은 극과 극을 오간다는 의미로 조증은 우울의 반작용으로 나타난다는 견해가 있음
- 경조증은 조증과 증상이 거의 비슷하나 기간에서 차이가 있음(조증은 7일 이상, 경조증은 4일간)

원점수와 T점수

원점수(raw score)는 피검자가 반응한 원래의 점수를 의미하고, 환산된 점수를 T점수라고 한다.

- 원점수만으로는 이 점수가 어느 정도의 위치에 있는지, 즉 점수가 높은지 낮은지에 대한 정보를 얻기 어렵고, 척도 간 점수 비교 또한 어려움
- 척도 1의 원점수가 19, 척도 2의 점수가 25라고 할 때 각 점수의 상대적 위치를 알기 힘들뿐더러 두 점수를 비교하는 것이 불가능

A라는 학생의 수학과 영어 점수 비교
- 수학 50점, 영어 70점일 때(각 과목의 점수는 100점 만점으로 환산한 점수)
- 따라서 이 학생은 수학 < 영어

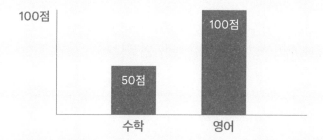

- 환산된 T점수(평균 50, 표준편차 10)는 각 척도의 상대적 위치와 척도별 비교 가능
- 예를 들면 척도 1의 원점수 19가 50이면 평균을 의미하고, 척도 2의 원점수 25가 70이면 두 척도 중 척도 2가 상승된 것으로 볼 수 있음(T 점수 70 이상은 유의미한 것으로 간주)

MMPI 실시하고 해석하기

실시와 채점, 이렇게 하자

—

검사 실시자의 자격

- MMPI는 수기식 혹은 컴퓨터방식으로 쉽게 실시하고 채점할 수 있음

- MMPI는 심리검사 이론, 성격의 구조 및 역동, 정신병리, 심리검사 등에 관해 충분히 훈련받고 자격을 갖춘 전문가만이 사용할 수 있도록 제한을 두고 있음(물론 다른 검사들도 전문가들에 의해 실시되어야 함)

- 이 검사지를 구입하려면 다음과 같은 증명이 필요

  - 심리학적 서비스 관련 자격증
  - 심리학 또는 인접 학문 분야의 학위 및 대학원에서 심리검사와 심리측정 과목을 이수했음을 보여주는 증명서나 검사보급사가 인정하는 워크숍이나

MMPI

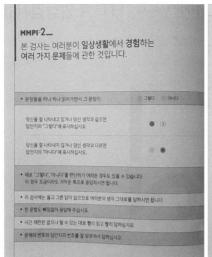

강좌를 이수했음을 보여주는 수료증

＊우리나라의 MMPI-2의 검사 판매 및 채점에 대한 저작권은 (주)마음사랑
에 있으며, 자세한 사항은 홈페이지에서 확인할 수 있다. 매뉴얼에 제시된
모든 자료를 반드시 숙지해야 하며, MMPI-2의 해석 절차를 익숙하게 알
고 있어야 한다.

실시

• MMPI에서 최대한 정확하고 유용한 정보를 얻기 위해서 피검자는 검
  사자의 표준적인 지시에 잘 따라 검사를 받아야 함
• 검사자는 피검자에게 각각의 문항을 잘 읽고 내용을 파악한 뒤 '그렇

다(○)/아니다(×)' 형식으로 제시된 답안지에 최대한 솔직하고 정직하게 응답하도록 설명해야 함

- 표준적인 절차를 준수하지 않은 검사의 결과자료는 타당성에 문제가 있을 수 있음

- 가능하면 전문가의 감독이 이루어질 수 있는 장소에서 하는 것이 좋음

- 법원에서 법적인 평가를 의뢰하는 경우 검사 결과가 그 사람의 자료인지, 적절한 감독하에서 실시된 것을 확인해달라고 요구할 수 있음

- 신뢰할 수 있는 검사 결과가 나오기 위해 피검자와의 친밀감(rapport) 형성이 중요함

- 피검자의 협조를 얻기 위해 실시 이유와 협조의 중요성 등에 대해 설명하는 것이 도움이 될 수 있음

- 검사장소는 조용하고 편안해야 하고 검사자나 감독자는 실시 과정을 관찰하면서 혹시라도 있을 수 있는 피검자의 질문에 대답해주어야 함

- 검사자는 피검자가 지시문을 신중하게 읽고 이해했는지를 주의 깊게 살피며 도중에 피검자가 질문을 하면 신속하게 답해주어야 함

- 대부분 피검자에게 표준화된 지시문을 다시 읽어보도록 하면 대체로 해결될 수 있음

- 대부분 사람의 경우 검사에 약 60~90분 정도 소요됨(평균적인 지능, 독해 능력, 심각한 심리적인 문제가 없는 경우)

채점

- MMPI-2는 검사보급사((주)마음사랑)에서 구매한 프로그램에 접속해 채점할 수 있음
- 검사지 답안지에 '예' 또는 '아니오'를 체크한 대로 프로그램에 입력하면 결과지를 출력할 수 있음

MMPI의 타당도척도와 임상척도란 무엇인가?

MMPI의 구성

MMPI-1	MMPI-2
• 타당도척도: L·F·K척도 • 임상척도: 10개의 임상척도	• 타당도척도(L·F·K 외 척도 추가) • 임상척도 • 재구성 임상척도 • 성격병리의 5 요인척도 • 내용척도 • 보충척도

타당도척도

- MMPI에서 타당도는 피검자의 수검 태도를 탐지하기 위한 것
- 피검자가 문항을 얼마나 주의 깊게 자세히 읽고 솔직하고 일관성 있게 응답했는지를 보는 목적이 강하기에 실제로는 '신뢰도'의 개념과 유사
- 검사 이외의 외적인 행동이나 성격, 정신병리에 대한 정보도 얻을 수

타당도척도의 종류

구분	척도명	측정—내용
성실성	?(무응답)	빠짐없이 문항에 응답했는지, 문항을 잘 읽고 응답했는지에 대한 정보 제공
	VRIN(무선반응 비일관성)	
	TRIN(고정반응 비일관성)	
비전형성	F(비전형)	일반인들이 일반적으로 반응하지 않는 방식으로 응답했는지에 대한 정보 제공
	F(B)(비전형-후반부)	
	F(P)(비전형-정신병리)	
방어성	L(부인)	자기 모습을 긍정적으로 제시하고자 했는지에 대한 정보 제공
	K(교정)	
	S(과장된 자기제시)	

※ 초록색 글씨는 MMPI-1의 타당도척도이며, 나머지는 MMPI-2에 추가된 타당도척도임

있음

• 피검자가 문항을 주의 깊게 읽고 내용을 이해한 뒤 솔직하고 성실하게 응답했는지 여부에 따라 그 결과를 신뢰할 수 있고 타당한 해석을 할 수 있는지 검사 해석에서 유의해야 할지 결정됨

• MMPI-2에서는 원판에서 사용하던 무응답(?)척도, 부인(L)척도, 비전형(F)척도, 교정(K)척도에 새로운 척도를 몇 가지 더 추가함

• 추가된 척도는 무선반응 비일관성(VRIN)척도, 고정반응 비일관성(TRIN)척도, 비전형-후반부(FB)척도, 비전형-정신병리(FP)척도, 과장된 자기제시(S)척도임

• 피검자의 응답이 타당하지 않아서 검사 결과를 무효로 간주해야 할

때는 이것이 문항 내용과 무관한 응답(content-onresposiveness, CNR) 때문인지 아니면 문항 내용과 관련된 왜곡 응답(contnet-esponsive faking, CRF) 때문인지를 구분하는 것이 중요함

1) 무응답(cannot)척도: 응답하지 않거나 둘 다 표기한 경우
- 검사 문항에 답을 하지 않거나 '그렇다/아니다' 모두 표기를 한 경우
- 무응답이 많으면 검사자는 무응답한 검사 문항을 피검자에게 재질문할 수 있음
- 노인이나 교육 수준과 지적 능력이 낮아 독해 능력이 부족한 경우에 무응답이 나올 수 있는데, 독해 능력이 부족한 경우에는 검사자가 문항을 읽어주고 피검자가 답하도록 할 수도 있음
- 정신병리나 통찰의 부족, 비협조적이고 강박적인 성향의 피검자라면 무응답하는 경우가 있을 수 있음
- 문항의 질문이 자신이 생각하는 바에 가깝다고 생각되는 방향으로 '예' 또는 '아니오'로 답하면 되는데, 문항의 내용에 '자주'나 '가끔' 등의 표현이 애매하다면서 응답을 회피하는 경우가 있음

2) F척도: 비전형성 탐지척도
- F는 frequence 또는 infrequence 척도라고 불리기도 하는데, 검사 전반에 걸쳐 '비전형적 반응'을 탐지
- 얼마나 전형적이지 않은지, 다른 사람들과 얼마나 다른 방식으로 반응했는지 여부

VRIN	• 비슷하거나 반대되는 문항의 내용에 대해 비일관적으로 응답한 문항 쌍의 수 • T점수 80점 이상이면 무효 • 독해 능력 부족, 혼란, 의도적 무선반응, 부주의, 집중력의 일시적 상실의 가능성
TRIN	• 모두 '그렇다' '아니다' 반응을 탐지하는 척도로, 반대되는 문항의 내용에 대해 비일관적으로 응답한 문항 쌍의 수 • T점수 80점 이상이면 무효
F(B)	• 검사 후반부의 비전형반응탐지 • 높은 점수는 내용척도에 영향 • 검사 과정에서 수검 태도의 변화를 알려줌 • T점수 90점 이상이면 무효일 수 있는데, 이는 무작위·고정반응, 심각한 정신병리, 증상 과장의 가능성 존재함
F(P)	• 규준집단과 외래 환자 모두에서 비전형반응으로, F척도에 비해 정신병리에 덜 민감 • T점수 100점 이상이면 무효

- 피검자의 생각이나 경험에 대해 다른 사람들과 다른 정도를 측정
- T점수가 65~79점에 속하면 도움을 청하는 의도로 증상을 과장하는 것일 수 있음
- T점수가 80점 이상이면 무효지만 VRIN, TRIN, F(P)가 모두 정상범위라면, 이는 심각한 정신병적 증상을 반영하는 것일 수 있음
- F척도의 일부 문항들이 정신병적 척도인 척도 6(편집증), 척도 7(강박증), 척도 8(정신분열), 척도 9(경조증)와 중복되어 같이 상승되며, 특히 척도 6, 8이 동반 상승

- 사람들과 있을 때 가끔 이상한 소리를 듣는다. (예/아니다)
- 내 혼이 가끔 내 몸을 빠져나간다. (예/아니다)

3) L척도: 세련되지 못한 방어적 태도 측정

- L(Lie)척도는 '방어적인 태도'를 측정하기 위한 척도로 구성
- 대부분 사람이 인정하는 사소한 결점이나 약점들을 부인하면서 자신을 좋게 보이려고 하는 경향과 관련
- 이런 방어를 하는 사람들은 대개 지적 수준이 낮거나 순진한 사람들로, 과도하게 자신을 착하고 좋은 사람으로 보이려는 경향성이 강함
- 교육 수준이 높고 지능이 높을수록 이 점수는 낮은 것으로 알려져 있으며, 얼마나 검사에 솔직하게 응답했는지를 보여주기도 함
- T점수가 80점 이상이면 무효, T점수가 60~64점이면 유효하나 세련되지 못한 방어를 보이고 있는 상태(긍정 왜곡 측정)
- L척도의 상승은 척도 1(건강염려증)과 척도 3(히스테리)의 상승을 동반

L척도 문항의 예

- 때때로 욕을 하고 싶을 때가 있다. (예/아니오)
- 가끔 화를 낸다. (예/아니오)

4) 교정(K)척도: 세련되고 교묘한 방어 측정

- L척도보다 더 '세련되고 교묘한 방어성'을 탐지

- 정상인의 경우 자아강도, 심리적 자원을 의미할 수 있고, 높은 점수는 민감성, 과도한 경계를 의미
- 척도 점수가 낮으면 정신병적 척도(6, 7, 8, 9)는 상승하고 척도 점수가 상승하면 신경증적 척도(1, 2, 3)가 하강함

임상척도

- MMPI 검사 결과만으로 맹목적인 해석을 하고 피검자에 대해 단정 지어서는 안 됨
- 다른 검사 자료들과 함께 종합적으로 해석되어야 함
- 면담이나 관찰 등도 함께하는 것이 필요함

  예] 군대 징집 과정에서 MMPI를 검사한 결과 아무런 문제가 드러나지 않았

임상척도

1 2 3	건강염려증(Hs) 우울증(D) 히스테리(Hy)	신경증 척도
4 5	반사회성(Pd) 남성성-여성성(Mf)	
6 7 8 9	편집증(Pa) 강박증(Pt) 정신분열증(Sc) 경조증(Ma)	정신병리척도
0	내향성(Si)	

※ 위 표에 제시된 임상척도에 대해서는 숙지하는 것이 필요

지만, 군 생활 도중 자살(시도)과 같은 심각한 문제를 일으키는 경우가 심심치 않게 발생한다. 군 입대 후 정신분열 증상을 보여 병원에 내원하는 경우도 종종 있다. 이 검사의 결과를 신뢰할 수 없다는 것은 아니지만, 이를 지나치게 과신하거나 확대해석하는 것은 조심할 필요가 있다.

1) 척도 1 '건강염려증(Hs)': 신체적 증상이 다른 사람을 조종하기 위한 것인지를 측정

- 기본차원은 '신중성'으로 가볍게 상승된 경우에는 양심적이고 조심스럽고 자신의 신체 변화나 환경적 변화에 민감
- 이 척도가 상승된 경우
- 모호하지만 신체 전반에 걸친 기능 이상과 이에 대한 집착을 보이며
- 다양한 신체 증상과 함께 만성적인 피로감·통증·무력감을 호소하고, 스트레스에 대한 신체반응을 보임
- 억압이 신체화·신체 증상으로 나타나지 않는다면 성격적인 측면으로 드러날 수 있음
- 자기중심적, 외부 세계에 대해 비관적·냉소적이며 불행하다고 느낌
- 의도적이지는 않지만 신체 증상을 통해 다른 사람을 조정하려 하기 때문에, 주변 사람들을 피곤하고 짜증나게 할 수 있음
- 신체 증상을 자주 호소하고 이를 통해 타인들에게 관심받고 자신의 원하는 바를 얻고자 하는 경우가 많음(아프다고 하면 대부분 타인의 관심과 애정, 지지를 얻을 가능성이 높고, 이는 다시 이들이 신체 증상을 극대화함으로써 악순환이 반복됨)

- 이 척도는 흔히 척도 3(히스테리)과 동반 상승되는 경우가 많은데 Hs 〉 80이면 극단적이고 기이한 신체 증상을 보일 수 있음

- 척도 1~3이 동반 상승할 경우, 자신의 심리적 고통을 사회적으로 수용될 만한 신체적인 문제로 바꾸는 전환 증상이 나타남

- 척도 3이 1보다 높으면 신체적 고통에 대해 낙관적이고 특정한 경우가 많음

- 척도 1이 3보다 높으면 증상이 모호하고 비관적 태도를 보임

- 척도 1~8이면 신체망상이 나타날 수 있음

건강염려증 문항의 예

- 속이 메스껍고 구토로 고생한다. (예/아니오)

- 소화불량 등으로 고생한다. (예/아니오)

MMPI 프로파일

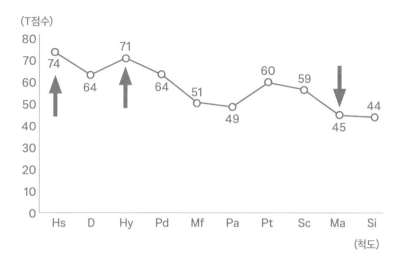

- 위 프로파일의 내담자는 감정 조절이 어렵고 우울감, 신체 증상을 호소하면서 상담센터에 내원해 심리검사와 심리평가를 실시함

- 검사 태도는 비교적 협조적이었고 검사에 비교적 솔직하게 응답함(방어적인 태도를 측정하는 L과 K척도가 낮고, F척도가 상대적으로 높은 삿갓형으로 자신의 문제를 인정하고 도움을 요청하는 상태)

- 임상척도에서는 척도 2(64)가 단독 상승되지 않고 살짝 상승되어 있고 오히려 1(74), 3(71)이 상승했고 척도 9가 다소 낮은 프로파일을 보여주고 있음

- 자신의 불편한 감정을 억압하면서 신체적으로 호소하고 있는 상태로, 피검자는 시댁과 남편과의 갈등으로 심신이 피로하고

지쳐 있으며, 이로 인한 우울감이 상당히 내재되어 있음

- 정리하면, 내담자는 우울감과 신체 증상을 호소하며 내원했으나 어려서부터 정서적 돌봄을 받지 못한 채 살아왔고 현재도 남편과 시어머니로부터 사랑과 인정을 받지 못한 것에 기인한 것으로 이런 불편감을 신체 증상으로 드러내고 있는 것으로 보임

- 위의 사례는 심리적인 요인(우울)으로 인한 신체 증상과 그 근본적인 기저에는 히스테리성 성격 특성이 있음을 알 수 있으며 히스테리에 대해서는 3은 척도 사례와 비교해서 볼 필요가 있음

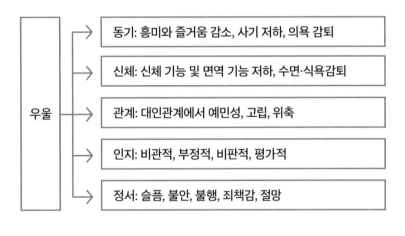

- 기본차원은 '평가'로 옳고 그름을 가려내는 특성

- 경미한 상승은 현실적·객관적이며 사려 깊은 성향을 의미

- 이 척도가 높으면 자신에 대해 비판적이며 죄책감에 빠져 있는 경우

가 많음

- 검사 당시의 그 사람이 느끼는 비관 및 슬픔의 정도
- 전형적인 방어기제의 붕괴 정도를 측정
- 우울감, 의기소침, 자존심 저하, 흥미 범위 축소, 주의 집중 곤란, 불면, 신체적 기능 이상(예: 소화기 이상), 사회적 관계의 회피, 불안과 위축을 동반
- 자신의 미래에 대한 비관, 문제해결에 대한 자신감 결여, 스스로 쓸모 없다는 인식
- 이 척도가 상승된 경우
- 말하기 불편해하고 자주 울며 기운이 없으며 혼자 있는 것을 선호함
- 간단한 결정도 내리지 못하거나, 지나치게 자신을 억제하고 위축된 경향성
- 지나치게 낮은 점수는 자신의 문제에 대한 부인이나 방어 시사
- 이 점수가 높으면서 동시에 척도 7(불안)이 동반 상승하는 경우가 있는데, 이것은 우울과 불안을 동시에 느끼면서 초조해하고 심리적인 불편감이 상당히 상승되어 있는 경우
- 이런 불편감을 해소하고자 하는 욕구로 심리상담에 협조적인 경우도 많음
- 그러나 이 척도가 높지 않다고 우울하지 않은 것이라고 간주해서는 안 됨
- 척도 9(경조증)가 낮고 척도 0(내향성)이 높은 경우는 에너지 수준은 낮으면서 사회적으로 위축·철수되어 있는 것으로, 우울한 경향성을

반영

- 척도 2와 척도 4(반사회성), 9(경조증)가 상승되어 있는 경우는 갈등 상황에 있거나 스트레스 상황에 있는 경우

- 척도 2와 4, 또는 척도 8(정신분열), 9가 동반 상승되어 있을 경우 자살 위험이 높아짐

우울증 문항의 예

▪ 남들처럼 행복해지고 싶다. (예/아니오)

▪ 식욕이 좋다. (예/아니오)

MMPI 프로파일

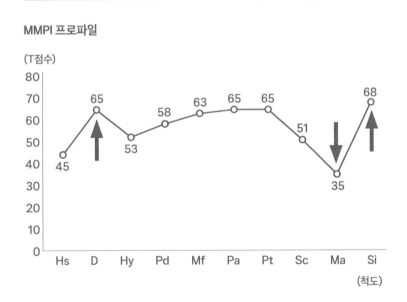

- 척도 2와 0이 상승되어 있어 내향적 기질과 만성적이고 성격적

인 우울을 보이고 있는 상태임. 부적절감과 수줍음(SCT: 내가 두려운 것은 '사람들의 시선')으로 인한 사회적 고립과 철수가 초래될 수 있고, 실제 사회적 상황에서 사회적 기술 및 대처 능력이 부족할 가능이 높음(SCT: 나에게 이상한 일이 생겼을 때 '어찌할 바를 모르겠다')

- 수동적이면서 감정을 지나치게 억제하고 있음. 우울한 상태에 어느 정도 적응되어 있는 상태로 의기소침하고(SCT: 내가 보는 나의 앞날은 '어둡다'), 낮은 긍정적 정서와 역기능적인 부적 정서를 경험하고 있어 이로 인해 긍정적 정서 경험까지도 제한되고 있으며, 사회적·가정적·학업적인 측면에서 불편감과 부적응을 보이고 있음

- 이면에 공격성도 내재되어 있으나 이러한 충동을 직접적으로 드러내기보다는 내재화함으로써 우울감이 더 심화되는 악순환이 반복될 가능성 높음(SCT: 나의 야망은 있었지만 지금은 '없다')

- 요약하면 피검자는 내향적이고 만성적인 우울, 부적절감, 사회적 고립, 사회적 기술의 부족 등으로 의기소침, 역기능적인 부정적 정서 등을 경험하고 있고 이로 인한 부적응을 겪는 상태. 20대 초반이라는 피검자의 나이를 고려할 때 학업적으로나 사회적으로 활발하게 배우고 경험해야만 하는 중요한 시기이므로 심리상담적 개입이 절실히 필요하다고 생각됨

3) 척도3 '히스테리(Hy)': 부인(denial)의 양과 형태를 측정

- 기본차원은 '표현'으로, 경미한 상승일 경우 감정이 풍부하고 예민하고 정이 많고 낙천적·우호적이며 자신의 감정을 솔직하게 표현하며 좋고 싫음이 분명함
- 스트레스를 받으면 신체화나 부인방어로 나타날 수 있음
- 이 척도가 상승된 경우
- 부인과 피암시성, 신체적 증상으로 스트레스에 대처하거나 책임을 회피 경향성이 높음
- 불안을 부인하고 외향적이며, 타인으로부터 관심이나 신임을 받는 것을 중시여김
- 낙천성을 강조하고 자신이 타인에게 비판적이지 않음을 피력하고 공격성을 부인
- 신체적 증상이나 정신적 기능 저하의 호소를 자주 하고, 이들이 호소하는 신체 증상으로는 두통, 흉통, 무기력감, 심박항진, 급성불안, 발작 등이 있음
- 척도 1(건강염려증)과 마찬가지로 미성숙하고 자기중심적인 경향, 감정 변화가 심함
- 타인의 관심과 애정에 민감하고, 이것이 충분히 채워지지 않으면 쉽게 기분이 상하지만 이를 직접적으로 표현하지는 않음 반면 대인관계가 피상적인 경향이 있음
- 이 척도가 낮은 경우 대인관계에서 재치가 부족하고, 인생에 대해 냉소적 태도를 보일 수 있음

- 척도 1과 함께 해석되는 경우가 많은데, 척도 1이 높으면 잡다하고 모호한 신체 증상을 보이고, 증상에서 심리적 요인의 역할이 큼

히스테리 문항의 예

- 내 행동은 주위 사람들의 행동에 의해 좌우된다. (예/아니오)

- 나는 쉽게 화내고 쉽게 풀어진다. (예/아니오)

MMPI 프로파일

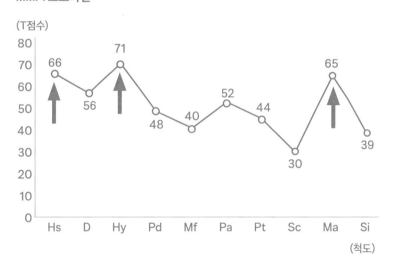

- 위 사례의 내담자는 자녀의 문제로 내원했으나, 주로 자신이 얼마나 스트레스를 많이 받고 있는지와 관련한 신체 증상을 주로 호소함

- 이 내담자는 비교적 사소한 사회적 약점을 부인하고 상대에게 호감을 주려는 태도를 보이면서 척도 1과 3이 상승함
- 주로 신체적 불편감을 많이 느끼고 있고 소화기 계통의 불편감을 호소했음
- 내담자는 타인으로부터 애정과 관심을 받고자 하는 강한 욕구를 가지고 있고, 사교적·외향적이지만 대인관계가 다소 피상적으로 흐를 수 있으며, 깊이 있는 정서적 교류에 어려움을 겪을 수 있음
- 관심과 애정에 대한 욕구가 높은 만큼 좌절되었을 때 분노감과 적대감을 느낄 수 있으나, 대부분 부정적인 감정을 지나치게 통제하면서 간접적·수동적인 방식으로 표현할 가능성이 높고, 사회적으로 수용될 수 있는 방식으로 행동하는 경향성이 강하며 관습적이고 동조적인 양상을 보임
- 따라서 내담자의 경우 심리적인 문제에 봉착했을 때 부정적인 감정은 억압하고 신체적인 증상으로 전환시킴으로써 문제를 외부로 국한시키려는 경향성이 강하며, 부인을 통해 낙관적인 태도를 보이려는 경향성이 시사됨(척도 9가 동반 상승)

---

4) 척도 4 '반사회성(Pd)': 가정이나 사회에서 권위적 대상에 대한 불만, 자신과 사회와의 괴리 등을 측정
• 기본차원은 '주장성'으로 '무엇인가와 싸우고 있는 것'

- 경미한 상승은 자기주장적, 솔직하고 모험적·진취적, 사교적인 특성으로 보일 수 있음
- 이 척도가 상승된 경우
- 직장상사나 권위자와 같은 사람과 갈등 상황에 있거나
- 사회생활에 잘 적응하지 못하고 불만을 가지고 있는 경우가 많음
- 주로 외향화·과격행동·지능화*·합리화** 등의 방어기제를 사용
- 충동적이고 욕구 좌절에 대한 인내심이 부족하고 경험을 통해 배우지 못함
- 권위나 규범에 대한 거부감·분노감·저항성을 보이며
- 정서적으로는 피상적이고 진정성이 결여되어 있고
- 공감이나 정서적 친밀감 형성이 어렵고
- 자기중심적이고 과시적이면서 무책임한 경우가 많음
- 반면 주관적인 불안이나 우울감을 호소하는 일은 비교적 적은데
- 이러한 불안이나 우울감이 있다 하더라도 자신에게 가해진 속박에 대한 불만의 표현이지, 자신의 행동에 대한 진지한 걱정이나 죄책감을 나타내는 것은 아님
- 심리치료에 대한 예후가 좋지 않은데, 특히 척도 2가 낮을 때 더 예후

---

* 지능화(intellectualization): 이지화 또는 주지화라고 함. 어떤 상황에서 정서적인 측면을 무시하고 지적인 측면만 드러내는 것으로, 불쾌한 감정에 자아를 보호하기 위한 방어기제
** 합리화(rationalization): 사람들이 스스로 죄의식을 느끼는 행동을 무의식적으로 정당화하려는 방어기제

가 좋지 않음. 그 이유는 옳고 그름을 판단하는 사려 깊음, 심사숙고하는 능력이 부족하기 때문

• 반대로 이 척도가 낮은 경우

- 순응적·수동적·비주장적이고

- 타인이 자신에게 어떻게 반응할 것인가에 관심이 많음

- 대인관계에서 비판이나 충고 등을 잘 수용하는 편임

- 자기주장을 잘 하지 못하고 경쟁적이지 않음

• 흥미 범위가 협소하고 독창성과 자발성이 부족함

• 척도 8, 9와 함께 상승될 경우 비행률 상승, 척도 1, 2, 7이 상승하면 비행률 저하

MMPI 프로파일

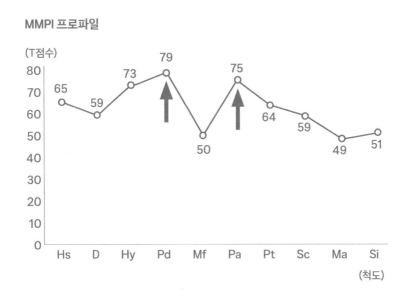

- 대인관계의 어려움을 호소하며 내원한 내담자로, 척도 4와 6이 상승
- 현재 다니고 있는 직장에서 동료들과 마찰을 빚고 있으며, 이로 인해 대인관계에서 예민성과 피해의식을 함께 드러내고 있는 상태
- 자신의 문제를 살피고 인식해 적극적으로 해결하려고 하기보다는 충동적이고 수동적이자 공격적인 방식으로 해결해왔던 것으로 보이며, 이로 인한 악순환이 반복되고 있어 상담이 필요한 상태

---

5) 척도 5 '남성성-여성성(Mf)': 남성성 또는 여성성, 역할 유연성과 관련된 특성을 측정하기 위한 것

- 기본차원은 '역할 유연성'으로, 이성성(남성성·여성성)과 양성성을 반영
- 이 척도가 적당히 높은 남자의 경우
- 남성적인 취미뿐 아니라 광범위하고 다양한 취미 생활을 즐기고
- 유머감각이 있고 대화를 즐기며, 참을성이 많고 통찰력이 높음
- 이 점수가 높은 여자의 경우
- 전통적인 여성의 역할에 관심이 없고
- 다른 여자들처럼 행동하지 않으려 하며
- 스스로 다른 여자와 다르다고 생각하는 경향이 있음
- 자기주장이 강하고 경쟁적임
- 처음에는 동성애를 구별해내기 위해 개발되었으나 실제로는 그 역할

을 하지 못함

- 이 척도가 낮은 사람들은 전통적 성역할과 자신을 동일시하는 경우가
  많음
- 남자의 경우 남성적 특징(힘·정력)을 강박적으로 강조하고, 공격적·모
  험적이고 부주의하며, 행동화하는 경향이 있음
- 여성의 경우는 수동적·복종적·의존적이고, 위축되어 있고 자기연민
  에 빠져 있는 경향성이 높음

남성성-여성성 문항의 예

- 연애 소설을 좋아한다. (예/아니오)
- 꽃가게를 운영하고 싶다. (예/아니오)

MMPI 프로파일

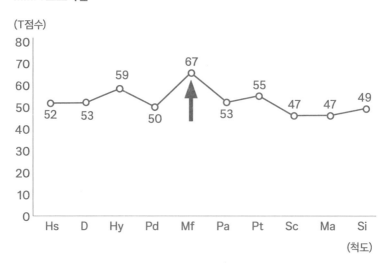

PART 03 MMPI와 SCT, 제대로 이해하기

- 20대 후반의 남성으로 스스로에 대해 알고 싶다면서 내원함
- MMPI 등 심리검사를 실시한 결과 참을성이 많고 통찰력이 높으며, 사회적 예민성과 수동성을 가지고 있는 것으로 나타남
- 감성적이고 따뜻하며 사람과의 관계를 중요시하는 성격 타입으로, 현실감각과 목표를 추구하는 부분에서는 다소 어려움을 겪을 수 있겠음
- 성장 과정에서 가부장적인 부(父)와 자신과 비슷한 성향인 모(母) 사이에서 심리적으로 억압된 생활을 해왔을 것으로 보임
- 평소 부정정서인 불안과 긴장을 억압하다가 사회생활 중 스트레스를 받는 상황에서 이로 인한 불편감이 두드러지면서 집중력과 능률 저하로 이어져 불만족감을 가지게 되고, 이후 걱정과 후회 등의 반추적 사고를 하는 등 악순환이 반복되어온 것으로 보임
- 따라서 자신의 강점을 잘 발휘할 수 있도록 하고, 내면에 부정적 감정들을 안전하게 표출하고 정화시켜 자존감과 자기통제력을 향상시키는 심리 치료적 개입이 도움이 될 것으로 사료됨

---

6) 척도 6 '편집증(Pa)': 대인관계에서의 예민성과 의심성과 관련된 특성을 측정

• 기본차원은 '호기심'으로, 약간의 상승은 호기심이 많고 탐구적일 수 있고 진취적이며 흥미 범위도 높은 경향성

- 스트레스를 받게 되면 의심과 과민성을 보일 수 있음
- 이 척도가 높은 사람의 경우
- 의심이 많고 적대적이고 경계심이 많고 지나치게 민감하며 남 탓하기를 잘함
- 적대감을 공공연히 드러내고 논쟁을 좋아해 언쟁을 벌이며 지나치게 도덕적이고 경직되어 있음
- 피해의식이 높은데, 이는 욕구의 좌절이나 실패의 원인을 외부로 돌리는 것으로 자신의 부정적 감정을 투사함
- 이들은 공정함·정당성을 주장하면서 자신에 대한 박해(사실은 피해의식에서 비롯된)에 분노를 표출함
- 정신병적 행동이 나타날 수 있고 사고장애, 피해망상, 과대망상이 있을 수 있음
- 분노, 적개심, 원한을 품는 경우가 많고 경직되고 의심으로 깊이 있는 대인관계가 어려움

편집증 문항의 예

- 가족들은 필요 이상으로 나의 결점을 찾아낸다. (예/아니오)
- 여러 사람들과 있을 때 적절한 화젯거리를 찾기 어렵다. (예/아니오)

MMPI 프로파일

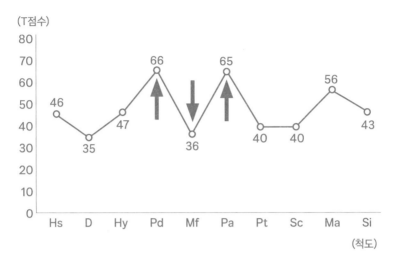

(T점수)

척도: Hs D Hy Pd Mf Pa Pt Sc Ma Si
값: 46 35 47 66 36 65 40 40 56 43

(척도)

- 전형적인 스칼렛 오하라(소설 『바람과 함께 사라지다』의 여주인공으로 변덕스럽고 자기중심적인 캐릭터임) 프로파일로 척도 4, 6이 65점 이상이고 척도 5가 35점 이하인 형태를 말하는데, 적대적이고 화가 나 있으나 이 같은 감정을 직접적으로 표현하지 못함
- 다른 사람들을 약 올려 그들이 공격하게 만들기를 잘하는데, 과도하게 요구가 많고 지나칠 정도로 애정에 대한 욕구를 보임
- 하지만 이러한 행동은 결과적으로 사람들을 쫓아버리게 됨. 척도 3이 함께 상승되어 있는 경우 사교적으로 보이지만 피상적이고 다른 사람을 조정하려고 하며, 자신의 감정을 더욱 억압하는 경향이 두드러짐

7) 척도 7 '강박증(Pt)': 만성 불안, 걱정이 많은 성격에서의 스트레스 상황을 측정

- 기본차원은 '조직화'
- 정상일 때는 시간을 엄수하고 질서정연하게 일을 처리하는 능력을 나타냄
- 스트레스 상태에서는 지나치게 걱정을 많이 하고, 우유부단하고 사소한 일에 집착하는 등의 행동을 보일 수 있음
- 이 척도가 높은 사람의 경우
- 강박적인 행동, 비정상적인 공포, 자기비판, 자신감의 저하, 주의 집중 곤란, 과도한 예민성, 죄책감 등을 보임
- 이들은 불안하고, 긴장되며, 사소한 일에 대해서도 걱정이 많고, 겁이 많음
- 자신감이 부족하고, 자의식이 강하고 완벽주의적
- 척도 2가 동반 상승할 경우 우울감과 우유부단한 행동이 두드러지고, 척도 8이 동반 상승할 경우 혼란과 사고장애가 나타날 수 있음

강박증 문항의 예

- 한 가지 과제나 일에 정신을 집중하기 어렵다. (예/아니오)
- 나는 거의 언제나 우울하다. (예/아니오)

8) 척도 8 '정신분열증(Sc)': 심리적 혼란이나 분열, 기이한 측면을 측정
- 기본차원은 '상상력'

- 경미한 상승은 자발적이고 창조적이며 상상력이 풍부한 측면과 관련
- 이 척도가 높고 스트레스 상황에서는 비현실적이고 기태적(기이하고 이상하다는 뜻으로 정신증적 상태와 관련)인 행동으로 변모될 수 있음. 그러나 이 척도만으로 정신분열이라고는 진단할 수 없음
- 이 척도가 높은 사람의 경우
- 냉담하고 무감동적이며, 소원하고, 사고와 의사소통에 곤란이 있고, 정신병적 사고장애를 가지고 있을 수 있음
- 이들은 비논리적·비현실적 생각을 가지고 있을 수 있고, 의욕 상실, 무력감, 충동 통제의 불가능함
- 사고·지각·운동 영역에서 통제기능의 상실, 기태적 감각경험, 실제적인 대인관계보다 백일몽이나 환상을 즐기고, 열등감·고립감·자기불만감, 자아정체감의 혼란이 있을 수 있음
- 이 척도가 90 이상으로 극단적으로 높은 경우는 급성 자아통합상실로, 전형적인 정신분열증과 다소 다르며 장기적인 스트레스에 대한 반응일 수 있음
- 척도 0이 함께 상승하는 경우 다른 사람들과 자신을 유리시켜 문제를 더욱 악화시킬 수 있음
- 반면 점수가 지나치게 낮은 사람은 순응적이고 권위에 대해 지나치게 수용적인 현실주의자로, 규칙적이고 짜여 있는 것을 좋아하는 경향성이 높음

정신분열증 문항의 예

- 확실히 내 팔자는 사납다. (예/아니오)

- 아무도 나를 위해 주지 않는 것 같다. (예/아니오)

9) 척도 9 '경조증(Ma)': 정신적 에너지를 측정

- 기본차원은 '열의'

- 경미한 상승은 정열적이고 활기찬 특성으로 비춰질 수 있음

- 그러나 과잉 활동적이고 불안정하며, 사회적으로 산만하고 예민성을 부인, 자기를 과대평가하는 경우가 많고, 정서적으로 흥분을 잘하며 사고의 비약이 나타나기도 하고, 경쟁적이며 말이 많음

- 자아도취적이며 피상적 사회관계를 맺는 경향성이 높고, 화를 잘 내고, 기분이 불안정함

- 척도 2가 높지 않더라도 40 이하로 너무 낮은 경우는 우울증을 고려해야 함

- 척도 9는 다른 척도가 시사하는 행동이나 문제를 보다 활성화시키는 역할

- 척도 4~9 또는 9~4의 상승은 비행률 상승으로 이어짐

경조증 문항의 예

- 울적할 때 뭔가 신나는 일이 생기면 기분이 훨씬 나아진다. (예/아니오)

- 나는 중요한 사람이다. (예/아니오)

MMPI 프로파일

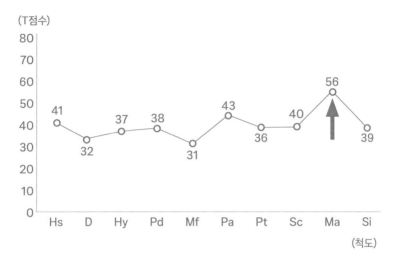

(T점수)

척도	Hs	D	Hy	Pd	Mf	Pa	Pt	Sc	Ma	Si
T점수	41	32	37	38	31	43	36	40	56	39

(척도)

- 피검자는 심한 갈등이나 스트레스를 겪고 있지는 않은 것으로
보이며, 비교적 정교한 방어를 사용하고 있는 것으로 판단됨
- 임상척도에서는 척도 9만 단독으로 상승하고 있고(56점으로 정
상적인 범위 내에 있어 보통의 활동 수준을 보이는 정도), 척도 5가
40점 이하로 전통적인 남성 역할을 중시하면서 이런 남성적 특
성에 대해 강박적으로 경직되어 있고(SCT: 내가 바라는 여성상은
'현모양처'), 충동적이면서(SCT: 나의 가장 큰 결점은 '생각하지 않고
행동하는 것'), 타인의 감정이나 정서적인 측면에 둔감하며(SCT:
내 생각에 여자들이란 '알 수 없다'), 추상적이고 복잡한 것을 싫어하
는 경향성이 있음(SCT: 나만의 두려움은 '없다')
- 요약하면 피검자는 다소 권위적인 남성 특성을 중시하며, 공격

적이고 충동적으로 행동화할 가능성이 높으며, 타인의 감정에 둔감해 대인관계에서 갈등을 초래할 수 있으나 정작 본인은 이로 인한 불편감을 느끼지 못하고 있음. 성격 특성상 이를 내면화시키지 못하고 스스로 이런 특성을 인식하지 못해, 갈등이 보다 심화될 가능성이 높음. 따라서 자신과 타인에 대한 심리적·정서적인 측면을 고려하고 배려하려는 노력이 필요함

---

10) 척도 0 '내향성(Si)': 혼자 있는 것을 좋아하는지 아닌지를 측정

• 기본차원은 '자율성'

• 경미한 상승은 독립적인 특성

• 이 척도가 높은 사람의 경우

- 사회적 불편감이 높고 대인관계를 원하지 않고 그 속에서 재미나 흥미를 느끼지 못함

- 예민하고 수줍어하며, 쉽게 당황하는 경향이 있고, 자기억제가 심하고 감정표현을 못함

- 사회적 활동에 참여하는 것을 싫어하고 관계 형성이 어려우며, 특히 이성 앞에서 더 불편

- 내향적이고 수줍음이 많고 자기비하적

- 자신감이 부족하고 남의 눈에 잘 띠려고 하지 않기 때문에 마음을 알기가 어려워 차갑게 보여질 수 있음

• 이 척도가 지나치게 낮은 경우

- 앞에 나서기를 좋아하고, 과시적·경쟁적이며, 충동 억제가 부족
- 피상적이고 친근성이 없으며 변덕스럽고 기회주의적임

내향성 문항의 예

■ 수줍음을 탄다는 것을 드러내지 않으려고 노력한다. (예/아니오)

■ 처음 만나는 사람과 대화하기가 어렵다. (예/아니오)

임상 소척도

- 각 임상척도의 문항을 내용에 따라 분류
- 특정 임상척도의 T점수 상승의 의미를 명확하게 하기 위함임
- T점수가 65 이상으로 동반 상승했을 때, 다시 말해 모척도 65 이상 소척도 65 이상일 때만 해석
- 다음 페이지 표에서 보면 모척도와 소척도가 동시에 상승한 경우 Ma와 Ma2가 동시에 상승

재구성 임상척도

재구성 임상척도를 개발하게 된 2가지 이유는 다음과 같다. 첫째, 척도 상승의 의미를 명확히 하기 힘들고 타당성이 의심스러운 문항을 분석하기 위해서다. 둘째는 임상척도 간의 상관이 높아 척도의 차별적 해석이 어렵기에 해석의 명료화하기 위함이다.

재구성 임상척도는 다음과 같이 구성되어 있다.

임상 소척도의 구성

	원점수	전체규준 T점수	성별규준 T점수	T점수 그래프 10 20 30 40 50 60 70
D	26	47	45	
D1(주관적 우울감)	14	50	47	
D2(정신운동 지체)	4	36	34	
D3(신체적 기능장애)	3	42	41	
D4(둔감성)	6	51	49	
D5(깊은 근심)	5	55	54	
Hy	25	47	45	
Hy1(사회적 불안 부인)	2	41	41	
Hy2(애정 욕구)	3	39	39	
Hy3(권태·무기력)	10	65	63	
Hy4(신체 증상 호소)	4	44	41	
Hy5(공격성 억제)	4	51	50	
Pd	18	40	40	
Pd1(가정 불화)	4	54	54	
Pd2(권위 불화)	3	46	48	
Pd3(사회적 침착성)	2	40	40	
Pd4(사회적 소외)	4	45	45	
Pd5(내적 소외)	7	58	58	

Pa	11	47	47	
Pa1(피해의식)	2	46	46	
Pa2(예민성)	4	56	56	
Pa3(순진성)	4	49	49	
Sc	26	49	48	
Sc1(사회적 소외)	6	51	51	
Sc2(정서적 소회)	4	58	58	
Sc3 (자아통합결여-인지적)	7	70	69	
Sc4 (자아통합결여-동기적)	5	53	52	
Sc5 (자아통합결여-억제 부전)	3	50	50	
Sc6 (기태적 감각 경험)	5	48	47	
Ma	27	63	(65)	
Ma1(비도덕성)	2	45	46	
Ma2(심신운동 항진)	9	68	(69)	
Ma3(냉정함)	4	51	52	
Ma4(자아팽창)	5	57	57	
Si	35	54	53	
Si1(수줍음·자의식)	9	58	57	
Si2(사회적 회피)	3	46	46	
Si3(내적·외적 소외)	7	48	47	

재구성 임상척도의 예

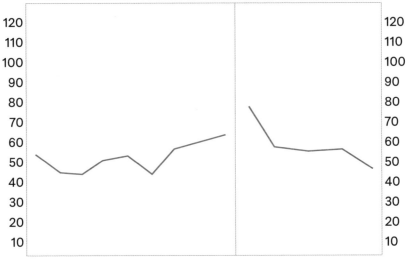

RCd RC1 RC2 RC3 RC4 RC6 RC7 RC8 RC9   AGGR PSYC DISN NEGE INTR
dem som ice cym asb pdr dhe abx hpm

타당도척도와 임상척도의 예   성격병리 5 요인척도의 예

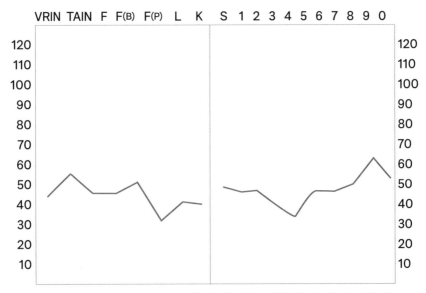

VRIN TAIN F F(B) F(P) FBS L K S Hs D Hy Pd Mf Pa Pt Sc Ma S
(척도)

- RCd(의기소침, demoralization, dem): 전반적인 정서적 불편감, 낙심하고 의기소침해 있으며, 자존감이 낮고 자신과 미래에 대해 비관적임. 현재의 상황을 극복할 능력이 없다고 느낌
- RC1(신체 증상 호소, somatic complains, som): 신체적 불편감을 호소함. 피로, 허약함, 만성적 통증을 호소할 수 있고, 건강에 대한 걱정이 많음
- RC2(낮은 긍정 정서, Low positive Emotion, lpe): 사회적 상황에서 철수되어 있고, 즐거움을 못 느낌. 결정을 내리고 일을 마무리하는 데 어려움을 느끼고, 우울증을 경험할 가능성이 높음
- RC3(냉소적 태도, Cynicism, cyn): 다른 사람의 진실성을 믿지 않고 동기를 의심함
- RC4(반사회적 태도, Antisocial Behavior, asb): 다양한 반사회적 행동에 관여, 공격적으로 행동하는 경향이 있음
- RC6(피해의식, ideas of Perseaution, per): 다른 사람들로부터 학대받고 괴롭힘을 당한다고 느끼며, 신뢰관계 형성에 어려움을 보일 수 있음
- RC7(역기능적 부정적 정서, Dysfunctional Negative Emotion, dne): 쉽게 불안을 경험하고 불안장애로 발전될 가능성이 높고 걱정이 많으며, 비판에 민감한 경향이 있고, 실수나 실패에 집착하고 죄책감을 경험함
- RC8(기태적 경험, Aberrant Experiences, abx): 환각·망상 등의 정신증적 증상을 보고할 수 있고, 정신분열형 성격 특징을 보일 수 있음
- RC9(경조증적 태도, Hypomanic Activation, hpm): 과장된 자기상, 전반

적인 흥분감, 감각추구 경향, 위험 감수, 충동 통제의 어려움 등 다양한 경조증 증상들을 보고할 수 있음

성격병리 5 요인척도

주요 성격 특성의 전체적 윤곽을 제공하고, 다른 특성 모델과 연계성을 가지고 있다. 성격병리 5 요인척도는 다음과 같다.

- AGGR(공격성, Aggressiveness): 공격적이고 대인관계에서 지배적·주도적이며 외향적임
- PSYC(정신증, Psychoticism): 이상하고 기묘한 경험을 보고, 비현실감이 동반되며 사고가 기이하고 혼란되어 있으며, 관계망상을 가지고 있을 수 있음
- DISC(통제 결여, Disconstraint): 위험추구적이고 충동적이며 관습적이지 않음
- NRGE(부정적·정서성 신경증, Negative Emotionlity Neuroticism): 부정적 정서를 경험할 가능성이 높고 걱정이 많음, 자기비판·죄책감 등을 많이 경험하며, 불안하고 우울하고 슬픈 기분 상태를 보임
- INTR(내향성·낮은 긍정적 정서성, IntroversionLow Positive Emotionality): 기쁨이나 즐거움을 잘 경험하지 못하고, 내향적이며 친구가 적음

내용척도

- ANX(불안): 불안하고 걱정과 근심이 많으며, 신경이 과민함. 집중의 어려움, 수면장애를 호소, 의사결정의 어려움, 강박 증상, 신체적 증상, 슬프고 침울하고 우울한 기분, 비관적이고 안정감과 자신감이 부족

- FRS(공포): 공포와 불편감을 느낌. 다양한 두려움과 공포증, 자신감이 부족. FRS1은 일반화된 공포, FRS2는 특정 공포

- OBS(강박성): 경직되어 있으며 변화를 싫어함, 걱정하고 반추함, 우울하고 슬프고 의기소침, 자신감 결여, 수면장애, 강박증상을 보고함

- DEP(우울): 우울하고 슬프고 침울하고 의기소침함. 피로하고 흥미가 저하되고, 비관적이고 절망감이 듦. 자살 사고에 몰두하고 죄책감과 외로움, 공허감과 수면장애를 호소. DEP1은 동기 결여, DEP2는 기분부전, DEP3은 자기비하, DEP4는 자살사고

- HEA(건강염려): 신체 기능에 몰두, 스트레스에 대한 반응으로 신체 증상 보임. 수면장애를 자주 호소. HEA1은 소화기장애, HEA2는 신경학적 증상, HEA3는 일반적인 건강염려

- BIZ(기태적 정신상태): 망상과 환각을 포함한 정신증적 증상을 보고 비현실감, 편집성 사고를 보고. BIZ1은 정신병적 증상, BIZ2는 분열형 성격장애

- ANG(분노): 분노와 적개심, 공격적이고 비판적이며, 논쟁적·충동적이고 좌절에 대한 인내심이 적음. ANG1은 폭발적 행동, ANG2는 성마름

- CYN(냉소적 태도): 다른 사람의 동기를 의심하고 대인관계를 경계하

고 믿지 않으며 타인에게 요구가 많은 반면, 타인의 요구에 분개함. CYN1은 염세적 신념, CYN2는 대인 의심

- ASP(반사회적 특성): 공격적이고 화가 나 있고, 성을 잘 내며 충동적임. ASP1은 반사회적 태도, ASP2는 반사회적 행동

- TPA(A유형 행동): 정력적이고 빠르게 움직이며, 업무 중심적이고 적대적이며, 성마르고 쉽게 짜증을 냄. TPA1은 조급함, TPA2는 경쟁 욕구

- LSE(낮은 자존감): 부정적인 자기개념, 비판과 거절에 민감함. LSE1은 자기회의, LSE2는 순종성

- SOD(사회적 불편감): 수줍고 사회적으로 내향적, 혼자 있는 것을 선호, 정서적으로 철수. SOD1은 내향성, SOD2는 수줍음

- FAM(가정문제): 가족과 상당한 불화가 있다고 묘사, 가족들에게 분노가 적개심, 부부관계에서 부정적인 견해. FAM1은 가정불화, FAM2는 가족 내 소외

- WRK(직업적 곤란): 업무 수행을 방해할 수 있는 태도와 행동 보고. 직업 선택에 회의감. 야망이 없고 에너지가 부족하며 동료들에게 부정적인 태도

- TRT(부정적 치료 지표): 정신건강 치료에 대한 부정적인 태도, 극심한 정서적 고통을 경험, 문제를 잘 해결하지 못함. TRT1은 낮은 동기, TRT2는 낮은 자기개방

보충척도

타당도척도와 임상척도의 해석을 보충하기 위해 개발된 척도다.

- A(불안): 우울하고 불행하며, 비관적이고 소심함. 신체적 호소를 하고 자신감이 결여되어 있으며 스트레스가 생기면 혼란스러워하고, 쉽게 마음이 흐트러져 부적응적이 됨
- R(억압): 수동적·복종적·내향적이고, 조심스러우며, 행동이 느림. 관습적이고 신체적 호소를 함
- ES(자아강도): 안정적이고 신뢰롭고, 에너지가 넘침. 자신감이 있으며 다른 사람과 잘 지냄
- Do(지배성): 침착하고 자신감이 있고 성취지향적이며 사회적 상황에서 편안함
- Re(사회적 책임감): 정의감이 강하고, 특권이나 편애를 거부하고, 안정적이며 자신감이 있음
- Mt(대학생활 부적응): 무력하고 비관적이며, 불안하고 걱정이 많음. 스트레스가 있을 때 신체적 증상을 보임
- PK(외상후 스트레스 장애): 불안, 수면장애 증상을 호소하고 죄책감, 우울감, 혼란스러움, 정서적 혹은 인지적 통제력을 잃어버릴까 봐 두려워함
- MDS(결혼생활 부적응): 부부관계나 다른 가까운 관계에서 불만족감을 느낌. 우울감을 경험하고, 슬픔을 느낄 수 있고 인생살이가 힘들다고 느낌

- Ho(적대감): 외현적인 적대 행동을 보이는 경향이 크고, 적대감을 다른 사람 탓으로 돌리며, 자신의 문제에 대해 다른 사람을 비난함. 사회적 지지가 부족하다고 생각하나 사회적 지지를 얻기 위해 애쓰지도 않음
- O-H(적대감 과잉 통제): 화난 감정을 표현하지 않고, 좌절하는 경우에도 언어적인 적대감을 표현하지 않음. 사회성과 책임감이 있고, 자기 자신을 비난하는 경향이 있음
- MAC-R(알코올중독): 물질 남용 문제를 가질 가능성이 있음. 위험 추구적 행동을 하며, 외향적이고 과시적이며, 자신감이 있고 독단적임. 반사회적·비사교적 행동을 할 수 있음
- AAS(중독 인정): 물질 남용 문제를 인정하고 행동화했던 과거력이 있고, 가정 문제를 가지고 있음. 충동적·비판적이고, 분노감이 있으며, 공격적임
- APS(중독 가능성): 물질 남용 문제를 가지거나 반사회적 행동을 할 가능성이 있음
- GM(남성적 성 역할): 전형적인 남성적 흥미와 활동을 즐김. 두려움, 걱정, 신체적 불편감을 부인하고 자신감과 지속력이 있음
- GF(여성적 성 역할): 전형적인 여성적 흥미와 활동, 반사회적 행동을 부인하고 매우 민감한 편임

MMPI 해석 시 유의할 점

—

- 먼저 타당도척도를 통해 피검자가 어떤 태도로 검사에 임했는지를 파악. 만약 피검자의 태도가 방어적이거나 솔직하게 반응한 것이 아니라면, 이 점을 감안해 해석함
- 둘째, 임상척도에서 상승한 척도가 무엇인지 확인. 통상 T점수가 65점 이상일 경우(MMPI-1의 경우 70 이상)에 유의미한 것으로 봄

  T점수 5점 이상 차이면 유의미한 것으로 보고 다른 척도보다 10점 이상일 경우 단독상승으로 간주
- 상승한 척도가 단독인지, 2개 이상인지를 확인해 해석
- 형태 분석 시 T점수가 65 이상 상승된 2쌍 혹은 3쌍의 임상척도를 하나의 프로파일로 간주해 해석
- 셋째, 임상척도에서 유의미하게 저하된 척도가 있는지 확인. 높은 점수뿐만 아니라, 30점 이하의 낮은 점수도 의미가 있기 때문에 이를 무시해서는 안 됨

타당도척도(L, F, K)의 여러 형태

샷갓형(∧)	F점수가 가장 높고 L과 K점수가 낮아서 샷갓 형태가 됨. 자신의 어려움을 인정하고, 문제를 스스로 해결할 자신이 없어 도움을 요청하고 있는 상태
V형	L과 K점수는 높고 F점수가 낮아 V 형태가 됨. 바람직하지 못한 감정이나 충동, 문제를 부인하거나 회피하고 자신을 가능한 한 좋게 보이려고 하는 상태로 방어적인 정상인, 입사지원자, 히스테리 환자, 건강염려증 환자 등에게 자주 나타남. 부인과 억압 방어기제를 많이 사용
정적(/) 기울기	L, F, K점수가 순서대로 점점 높아져서 정적인 기울기를 보이는 경우로, 당면하는 여러 가지 문제들을 해결할 수 있는 적절한 능력이 있고, 현재 심한 갈등이나 스트레스 같은 것을 겪고 있지 않은 정상적인 상태
부적(\) 기울기	L, F, K점수가 순서대로 점점 낮아져 부적 기울기를 나타내는 경우로, 자신을 좋게 보이려고 애쓰는 사람들로 대개는 교육 수준, 사회경제적 수준이 낮은 계층에서 많이 나타나고 신경증척도인 1, 2, 3이 동반 상승하는 경우가 많음

신경증척도: 1, 2, 3(건강염려증, 우울증, 히스테리)

샷갓형	잡다한 증상을 수반하는 만성적 신경증적 상태로 우울증, 히스테리
V형	심리적 스트레스나 곤란을 신체적인 장애로 전환, 신체화장애(DSM-5에서는 신체 증상 관련 장애로 명칭 변경됨)
상승형	불감증, 성욕 감퇴, 부부 갈등, 장기간 아픈 곳이 끊이지 않음(척도 1보다 척도 3이 높음)
하강형	사소한 기능장애에도 과민반응을 하고 신체적 병이 없음에도 신체적 고통 호소(척도 3보다 척도 1이 상승)

SCT 실시하고 해석하기

SCT(Sentence Completion Test), 즉 문장완성검사는 30~50개로 구성된 미완성 문장을 피검자가 완성하도록 하는 검사다. 피검자가 현재 우울하거나 갈등 상황에 놓여 있거나 스트레스를 많이 받고 있는 것이 다른 검사 결과를 통해 드러났다면, SCT로 좀 더 구체적인 내용을 확인할 수 있다.

실시 방법

• 앞부분에 문장이 제시되고 나머지 뒷부분을 자유롭게 완성하면 되는데, 정답이 없기 때문에 떠오르는 대로 자유롭게 작성하면 됨

예] 내가 가장 좋아하는 사람은 ~

• MMPI와 함께 실시하거나 다른 검사들을 실시하기 어려운 경우 MMPI와 SCT는 실시하도록 하는 경우가 많음

SCT

1. 내가 가장 행복한 때는	*(수기)*
2. 내가 좀 더 어렸다면	*(수기)*
3. 나는 친구가	*(수기)*
4. 다른 사람들은 나를	*(수기)*
5. 우리 엄마는	*(수기)*
6. 나는	*(수기)* 공상을 잘한다
7. 나에게 가장 좋았던 일은	*(수기)*
8. 내가 제일 걱정하는 것은	*(수기)*
9. 대부분의 아이들은	*(수기)*
10. 내가 좀 더 나이가 많다면	*(수기)*
11. 내가 가장 좋아하는 사람(은)	*(수기)*
12. 내가 가장 싫어하는 사람(은)	*(수기)*
13. 우리 아빠는	*(수기)*
14. 내가 가장 무서워하는 것은	*(수기)*
15. 내가 가장 좋아하는 놀이는	*(수기)*
16. 내가 가지고 있는 것 중에서 제일 아끼는 것은	*(수기)*
17. 내가 가장 가지고 싶은 것은	*(수기)*
18. 의사 선생님은	*(수기)*

- MMPI를 비롯한 다른 검사 결과들과 SCT를 비교하면 피검자의 특성을 이해하는 데 매우 용이함

- 피검자가 현재 우울하거나 갈등 상황에 놓여 있거나 스트레스를 많이 받고 있는 것이 다른 검사 결과를 통해 드러났다면, SCT로 좀 더 구체적인 내용을 확인할 수 있음

  예] 피검자가 '나의 미래는 어둡다' '친구들은 나를 싫어한다' '여자아이들은 이상하다' '사람들은 나를 우습게 생각한다' 등의 내용을 적었다면 대인관계에서 어려움을 겪고 있음을 시사한다.

- SCT는 '단어 연상검사'에서 발전된 것임

- 카텔(Cattell)은 골튼(Galton)의 자유연상검사(free association test)에서 단어연상검사(word association test)를 발전시켰고, 이를 크레펠린(Kraepelin)과 융(Jung)이 임상적 연구를 통해 토대를 구축한 뒤, 라파

데인저러스 메소드(A Dangerous Method, 2012)

감독: 데이빗 크로넨버그
출연: 키이라 나이틀리(사비나슈필라인), 비고 모텐슨(지그문트 프로이드), 마이클 패스벤더(칼 융)

영화 〈데인저러스 메소드〉에서 이 단어연상 검사를 하는 장면이 나온다. 응답자는 검사자가 부르는 단어들에 대해 연상되는 단어를 말한다(가족→ 한 가구/섹스→ 남자). 검사자는 연상어만 기록할 뿐 아니라 반응시간, 특이한 연상어, 말더듬, 얼굴 붉힘 등의 현상들도 관찰한다. 연구에서는 심장박동, 피부전기반응 등 정서반응 지표들도 측정한다. 특정 단어들에 대해 반응 시간이 길거나 정서적이 되는 것을 관찰할 때 어떤 콤플렉스가 건드려졌음 을 추측할 수 있다.

주인공 슈빌라인은 융의 작업을 도와주는데 임신한 여성이 융이 단어를 말하면 그에 대해 답을 하면 융은 대답과 반응시간을 잰다. 슈필라인은 그녀의 반응을 토대로 그녀가 융의 부인임을 직감한다. 그녀가 '결혼'과 '이혼'이라는 단어에서 반응시간이 길었다는 것으로 그녀가 남편의 사랑이 식을 것을 걱정한다는 것과 모자에 대한 반응으로 "쓰다"라고 답한 것은 피임을 의미한다고 추론한다.

포트(Rapaport)와 그의 동료들이 성격진단을 위한 유용한 투사법으로 확립했으며, 에빙하우스(Ebbinghaus)가 최초로 미완성문장을 사용하고, 텐더(Tender)가 사고반응과 정서반응 진단을 구별했음[*]

- SCT는 자유연상을 이용한 투사적 기법으로 피검자는 자신의 답이 의미하는 바를 알지 못하기 때문에 의식하지 않고 진짜 자기 모습을 드러낼 수 있음
- 대화는 의식적인 수준에서 이루어지기에 상당 부분 방어적이 될 가능성이 높음
- 미완성된 문장은 인식하거나 표현할 수 없거나 혹은 표현하기 꺼려지는 잠재된 욕구·감정 등을 더 자유롭게 표현할 수 있음

---

* 최정윤, 「심리검사의 이해」, 시그마프레스, 2006

각 영역에 포함되는 문항

가족 영역	우리 어머니(아버지)는~ 우리 가족은 나에게~ 우리 집은~
성적 영역	내 생각에 여자(남자)들은~ 남녀가 같이 있는 것을 본다면~ 내가 성교를 했다면~
대인관계 영역	친구들은 나를~ 사람들은 나를~ 윗사람이 오는 것을 보면~
자기개념 영역	나의 능력은~ 언젠가 나는~ 내가 어렸을 때는~

- 현재 임상현장에서 가장 널리 사용되는 SCT는 삭스(Sacks)의 문장완성검사(SSCT)가 있음
- SSCT는 4가지 영역(가족·성·대인관계·자기개념)으로 나뉘어짐
- 가족 영역에는 어머니·아버지·가족에 대한 태도를, 성적 영역은 이성관계에 대한 태도를, 대인관계 영역은 친구와 주변 사람들, 어른이나 권위자에 대한 태도를, 자기개념은 자신의 능력·과거·미래·불안·죄책감·목표 등에 대한 태도가 포함

예] '다른 사람들은 나를 싫어함.' '대부분의 아이들은 나를 싫어함.' '선생

님들은 슬픈…' '우리 엄마는 <u>바쁘다.</u>' '나를 가장 슬프게 하는 것은 <u>엄마</u>
<u>가 화내는 것</u>…'

- 초등학생 남아, 학교 상담선생님에 의해 의뢰됨
- 동글동글 귀엽게 생긴 외모에 성격도 유순한 편이나 위생 상태
  가 다소 불량했음. 어머니의 돌봄을 거의 받지 못하고 조부모와
  아버지가 그 자리를 대신하고 있었음
- 나이에 비해 키도 작고 발음도 부정확하고 글씨도 잘 쓰지 못하
  는 등 어머니의 빈자리가 그대로 드러나는 경우였음
- 제대로 된 교육과 훈육을 받지 못해서 기초 학습은 물론 타인이
  나 또래들과의 관계에서 어떻게 대처해야 하는지를 모르고 있
  었고, 부주의하고 충동적인 행동 때문에 늘 지적받고 혼나는 일
  이 많은 것으로 보임
- 그 아동이 그린 그림에는 눈물을 흘리며 혼나고 있는 모습의 아
  이를 그렸고, SCT 역시 이런 아동의 내면이 고스란히 드러나 있
  었음

자신을 이해하는 것은
세상을 이해하는 첫걸음이다.
- 아리스토텔레스

지능검사는 인지적·신경심리학적 평가영역에서 매우
유용한 정보를 제공해주고, 행동관찰을 통해 피검자의
인격 특성과 적응력, 부적응적 행동양상을 이해하는 데
도움을 주기 때문에 심리평가에서 매우 중요한 역할을
차지하고 있다. 즉 지능검사를 통해 지적 능력 수준을
평가해 학업이나 직업적 성취, 장애의 극복 여부에 대
한 예견을 가능하게 해주고, 개인의 인지적·지적기능
의 특성을 파악해 피검자 특성에 맞게 지도할 수 있게
도와주며, 더 나아가 임상적 진단을 명확하게 하고 치
료계획을 세우고 적절한 개입하는 데 필수다.

이 책에서는 웩슬러 지능검사(K-WISC 아동용)을 중심
으로 살펴보고자 한다. 먼저 3판을 중심으로 개념을 정
리한 후 4판과 5판에서 변화된 내용을 다룰 것이다.

PART 04

지능검사,
제대로 이해하기

지능

- 지능(intelignece)의 사전적 정의는 문제해결과 인지적 반응을 나타내
는 개체의 총체적 능력

- 버트(Burt)에 따르면 '지능'이란 아리스토텔레스가 사용한 2가지 용
어, 즉 감정적이고 도적적 기능인 oresix와 인지적이고 지적 기능인
dianoia를 키케로가 intelliignetia(inter는 내부에서의 의미, leger는 함께
모으고, 선택하고 분별한다는 의미를 지니고 있음)라고 번역하면서 최초로
사용[*]

- 비네(Binet)는 '학습 능력'을 지능으로 보았으며, 웩슬러는 '합목적적

• 박영숙, 『심리평가의 실제』, 하나의학사, 1998

으로 행동하고 사고하며 능률적으로 환경을 처리하는 개인의 총체적이고 전체적인 능력'으로 봄

- 스피어만(Spearman)은 지능이 '일반 요인'과 '특수 요인'으로 구성되어 있다고 보았고, 카텔은 지능을 '유동적 지능'과 '결정적 지능'으로 나누어 설명

- 카텔이 말한 유동적 지능은 선천적으로 타고나는 능력으로, 새로운 환경에 대한 문제해결력과 관련이 있으며 15세경에 정점에 달하고 점차 감퇴

- 결정적 지능은 유동적 지능에 비해 안정적이고 성취력에 따른 인지 능력으로, 인생 초기 환경조건에 의존하며 학습과 함께 지속적으로 발달하는 능력

"지능은 개인의 전체적이고 잠재적인 적응 능력이다."

- 현재까지 진행된 연구들을 종합해 지능의 개념을 정리하면 지능이란 유전적·환경적 결정 요인을 지니고 있음

- 지능검사를 통해 측정된 개인의 지능은 유전적 결정 요인뿐만 아니라 초기의 교육 환경, 후기 교육과 정서적 상태 및 기질적·기능적 정신장애, 검사 당시의 상황 요인의 상호작용 결과로 나타나는 개인의 전체적인 잠재적인 적응 능력*

언어성검사

- 검사자가 언어로 지시하고 피검자가 언어로 대답하도록 되어 있는 일련의 검사
- 언어성 검사에는
- 경험과 학습을 통해 습득되는 '기본지식(상식)'
- 단어 뜻을 말하게 하는 '어휘'
- 일련의 숫자들을 불러주는 대로 바로 또는 거꾸로 따라 외우는 '숫자'
- 사회적 규칙에 대해 얼마나 잘 이해하고 알고 있는가를 측정하는 '이해'
- 2가지 사물이나 단어의 속성 중에서 유사점을 이끌어내는 '공통성'
- 들려주는 문제를 이해하고 간단한 수식을 이용해 문제를 푸는 '산수' 등의 소검사로 구성

  예] 질문) 미국의 수도는? 답) _____

동작성검사

- 동작성검사는 비언어적인 능력을 테스트하는 검사
- 동작성검사에는
- 있어야 하는데 없는 그림을 찾는 '빠진곳찾기'
- 여러 장의 카드를 순서대로 나열하는 '차례맞추기'

• 박영숙, 『심리평가의 실제』, 하나의학사, 1998

- 제시된 그림과 같게 토막을 맞추는 '토막짜기'
- 작은 조각들을 어떤 모양이 되도록 맞추는 '모양맞추기'
- 숫자와 짝이 되는 기호로 바꿔 쓰는 '바꿔쓰기(기호쓰기)' 등의 소검사
  로 구성
- 주로 사회적 상황에서의 대처 능력, 시각-운동 협응 능력, 시각적 조직
  화·비언어적 추상화 능력, 순발력 등을 측정

편차(분산)

- 편차는 소검사 평가치들의 분포 형태
- 소검사 간 점수들의 편차를 분석하고 각 소검사 점수가 다른 소검사
  들의 경향에서 이탈한 정도를 비교해봄으로써 피검자의 지적 기능의
  세부적인 모습을 파악
- 성격구조의 특징도 추론할 수 있는 근거를 제공

지능검사 정의와 의미 알기

지능은 인간이 지니고 있는 지적인 능력으로 이 지능 자체는 추상적인 개념인데, 지능검사를 통해 개개인의 지능을 수치화할 수 있다. 평균 지능은 100(±10)으로 90~109까지가 평균 지능에 속하고 평균 지능을 가진 사람들은 일상생활을 하고 살아가는 데 필요한 충분한 자원을 가지고 있다고 할 수 있다. 지능의 분류는 표와 같다.

지능의 분류

IQ	분류
130 이상	최우수(very superior)
120~129	우수(superior)
110~119	평균 상(high average)
90~109	평균(average)
80~89	평균 하(low average)
70~79	경계선(boderline)
69 이하	정신지체(mentally deficient)(최근 '지적장애'로 명명함)

자료: 한국가이던스

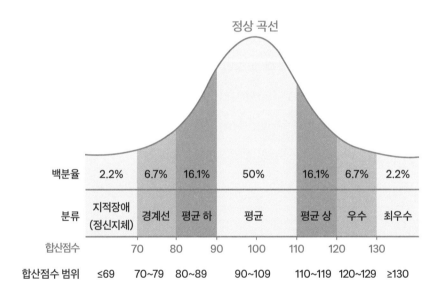

정상 곡선

백분율	2.2%	6.7%	16.1%	50%	16.1%	6.7%	2.2%
분류	지적장애 (정신지체)	경계선	평균 하	평균	평균 상	우수	최우수
합산점수		70	80	90 100 110	120	130	
합산점수 범위	≤69	70~79	80~89	90~109	110~119	120~129	≥130

환경 적응 정도를 보여주는 지능

—

- 지능에 대한 정의는 크게 3가지 유형으로 나누어보면, 지능을 '학습 능력'으로 보는 입장, '환경이나 새로운 상황, 문제에 적응하는 능력'으로 보는 입장, '추상적인 사고 능력이면서 그것을 구체적인 사실들과 관련시킬 수 있는 능력'으로 보는 입장이 있음
- 손다이크(Thondike)는 "지능은 특수 능력(s 요인)의 총합체다."라고 했음
- 지능의 종류와 구조에 대한 논의에서도 스피어만(Spearman)은 "지능은 모든 개인이 공통적으로 가지고 있는 일반 요인(g 요인)과 어떤 특정한 분야에 대한 능력인 특수 요인(s 요인)으로 구성되어 있다."라는 요인설을 주장
- 웩슬러는 지능을 "개인이 목적에 맞게 활동하고 합리적으로 사고하며 자신을 둘러싼 환경을 효과적으로 처리해나가는 종합적·총체적 노력"이라고 정의

K-WISC 검사지

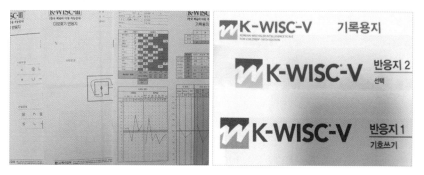

- 이전에 제안되었던 지능에 관한 여러 가지 정의들을 종합적으로 받아들이면서 지능에 지적 요소뿐만 아니라 개인의 성격을 반영해주는 역동적인 도구로 사용될 수 있는 기초를 제공
- 1946~1981년에 걸쳐 성인용과 아동용의 웩슬러검사가 개발되었고, 개정을 거듭하며 현재 5판까지 개발됨

지능평가의 의의

—

- 인지적·신경심리학적 평가 영역에서 매우 유용한 정보를 제공
- 행동관찰을 통해 피검자의 성격 특성과 적응력, 부적응적 행동양상을 이해하는 데 도움을 줘 심리평가에서 매우 중요한 역할을 함
- 지적 능력 수준을 평가해 학업이나 직업적 성취, 장애의 극복 여부에 대해 예견하게 해줌
- 개인의 인지적·지적 기능의 특성을 파악해 피검자 특성에 맞게 지도할 수 있게 도움
- 임상적 진단을 명확하게 하는 데 도움

- 최정윤, 『심리검사의 이해』, 시그마프레스, 2006

지능검사의 목적

—

• 전반적인 지적 수준을 평가

- 그 사람의 지능이 평균 범주에 해당하는지, 그 이상인지, 지적장애인지 등의 수준을 평가하려는 목적으로 지능검사 실시

- 즉 지적 능력의 수준이 어느 정도인지를 파악함으로써 그 사람의 적응 능력이나 성취 수준 등을 파악

예] 지적장애(IQ 65~75 이하)의 경우 일상생활·학업적·직업적·사회적으로 적응하는 데 어려움이 예상됨

• 인지적·지적 기능의 특성을 파악

- 각각의 소검사들의 점수를 분석해 피검자의 인지적·지적 기능이 어떠한지, 그 사람의 장단점을 파악함으로써 보다 적응적인 상태가 되도록 돕는 데 기여할 수 있음

예] 전체지능이 높더라도(IQ 130 이상) 사회인지가 부족하면, 학업성취능력은 좋지만 또래관계나 대인관계에서 갈등이 발생할 소지가 크고 부적응상태가 될 수 있음

• 임상적 진단

- 지능검사를 통해 성격적 특성, 적응적인 측면을 함께 볼 수 있기 때문에 이런 측면들을 통해 임상적 진단을 보다 명료하게 할 수 있음

• 기질적 뇌 손상 유무 또는 뇌 손상으로 인한 인지적 기능 저하 평가

- 언어성검사와 동작성검사 간의 차이가 크게(25점 이상) 난다거나, 소검사 간 편차가 극심하다거나 하는 등의 검사 결과를 통해 뇌 손상 또

는 뇌의 역기능을 의심해볼 수 있음

• 치료 목표 설정

- 지능검사는 언어성·동작성검사로 구성되어 있고 각각 여러 개의 소
  검사들로 구성

- 이 소검사들을 통해 피검자에 대한 객관적·구체적인 정보를 얻을 수
  있기 때문에 이를 통해 치료 목표를 설정하고 개입하는 데 도움을 줄
  수 있는 유용한 검사

지능검사의 발달

—

비네검사

• 프랑스 심리학자 비네(Alfred Binet, 1857~1911)는 현대 지능검사의 선
  구자로 동료 시몬(Simon)과 함께 '비네-시몬검사(Binet-Simon test)'를

비네(왼쪽), 고대 비네검사(오른쪽)

출처: 이우경·이원혜, 『심리평가의 최신 흐름』, 학지사, 2019

제작함

- 두 사람은 프랑스 정부로부터 정신지체아와 정상아를 구별할 수 있는 검사를 만들도록 위탁받았고, 이에 학업 성취와 관련이 있는 것들을 골라 최초의 지능검사를 개발하게 됨
- 그러나 비네검사는 주로 언어적 검사로 이루어져 있어서 정상적인 아동의 학교 성적 예측을 위한 도구로만 사용될 수 있는 한계가 있음
- 웩슬러는 비언어적 지능을 추가해 현재까지도 사용되고 있는 지능검사를 개발함

웩슬러검사

- 데이비드 웩슬러(David Wechsler, 1896~1981)는 루마니아 및 미국의 심리학자
- 웩슬러 성인 지능검사(Wechsler Adult Intelligence Scale, WAIS) 및 아동용 웩슬러 지능검사(Wechsler Intelligence Scale for Children, WISC)와

데이비드 웩슬러

같은 잘 알려진 지능 척도를 개발

• 웩슬러의 지능검사는 1939년 제작된 이후 여러 번의 개정 과정을 거치면서 현재는 전 세계적으로 가장 널리 사용되는 개인용 지능검사

이야기 더하기

지능검사는 믿을 만한가?

종종 지능검사의 신뢰성을 의심하는 사람들이 있는데 지능검사는 개인의 능력을 평가하는데 이론적인 근거를 토대로 전문가들이 임상적으로 평가하고 표준화 과정을 거쳤기 때문에 신뢰할 수 있다.

다만 현재 지능검사를 통해 잴 수 있는 10여 개 영역에 대해서만 그 정확도가 보장되기 때문에, 즉 현재의 지능검사가 한 사람이 보유한 모든 측면을 평가하는 것은 아니다.

측정할 수 없는 부분, 예를 들면 창의력과 같은 것은 아직까지 지능검사의 측정대상에서 제외되어 있다. 따라서 내담자나 내담자의 부모가 이 지능검사에 대해 신뢰할 수 없다고 말한다면, 검사 자체에 대한 신뢰도는 문제가 없으나 이 검사를 통해서 모든 것을 다 측정할 수는 없다고 말해주면 될 것이다.

언어성검사 vs. 동작성검사 비교하기

—

- 지능검사를 실시하는 데는 통상 1~2시간 정도의 시간 소요
- 검사를 실시 후 그 결과를 통해 우리는 피검자에 대해 다양한 정보를 얻을 수 있음
- 지능검사 결과에서 전체 지능, 언어성 지능, 동작성 지능의 각각 소검사들을 살펴봐야 함

K-WISC-Ⅲ로 평가한 전체 지능지수는 80(VIQ=91, PIQ=73)으로 평균 하 수준(Low average level, IQ 80~89)에 속하고, 어휘·토막짜기 등의 수행 능력을 고려할 때 이와 동등한 지적 능력이 예상된다. 언어성 지능지수 91과 동작성 지능지수 73의 점수 차(18점)는 유의미하고 소검사 간 큰 편차를 보이고 있어 (최대 8점) 인지적 비효율성이 시사된다.

위와 같이 언어성과 동작성을 비교하고 각 검사의 점수 차가 유의미하게 높을 때(언어성검사가 동작성검사보다 5~10점 정도 높게 나오는 경우가 많은데, 이를 상회하는 점수차, 즉 유의미한 점수차 15점 이상일 때) 다음과 같은 사항들을 고려해볼 수 있다.

언어성검사가 동작성검사보다 유의미하게 높게 나왔을 때
- 신경증, 특히 불안과 관련된 긴장상태, 신경쇠약, 강박적인 상태
- 정신증, 특히 정신분열증(조현병)
- 우반구의 역기능으로 인한 기질적인 문제

- 우울상태
- 학업적 성취가 높은 사람(예: 학자)

동작성검사가 언어성검사보다 유의미하게 높게 나왔을 때
- 사이코패스나 소시오패스, 또는 자기애적 성향
- 청소년기 비행, 또는 사이코패스적 경향
- 좌반구 손상이나 전반적인 뇌 손상
- 정신적 결함(반드시 행동화를 의미하지는 않음)
- 빈약한 학업 성취나 읽기 능력 등의 저조(생각하지 않고 행동하는 사람들)

표준화된 실시방법에 대해 숙지하기

—

- 숙달되지 않을 경우 검사를 실시하는 시간이 필요 이상으로 길어지게 되어 피검자의 피로도가 높아지면 검사 결과에 영향을 미칠 수 있음
- 심리검사를 실시할 때는 표준화된 검사방법에 따라 엄격하게 진행되어야 함
- 검사자에 따라 실시방법이 달라지면 이에 따라 검사 결과도 달라지기 때문에 그 검사 결과를 신뢰할 수 없게 됨

- Psychodiguostics and Personality Assessanent A handlook, by Donald P. Ogdon. Phd.

- 검사자는 검사 실시방법에 대해 숙지하고 있어야 하며, 특히 지능검사의 경우 검사 실시 시간이 상대적으로 길고(대개 1~2시간 소요), 여러 개의 소검사로 이루어져 있기 때문에 익숙해질 때까지 연습해야 함

지능검사 실시하고 채점하기

내담자와 상담자는 친밀하면서도 서로에 대한 신뢰를 바탕으로 치료적 동맹관계를 맺어야만 상담이 성공적으로 유지될 수 있다. 라포르(rapport)는 검사 상황에서 필수다. 본격적으로 관련 내용을 알아보자.

성공적인 검사를 위해 꼭 알아야 할 것들

—

라포르 형성하기

- 라포르는 사전적으로 '친밀한 관계'를 의미
- 상담에서 라포르는 친밀한 관계에서 나아가 '신뢰'와 '동맹'이라는 또 다른 의미가 함축
- 즉 내담자와 상담자 간에는 친밀하면서도 서로에 대한 신뢰를 바탕으

라포르

　　로 치료적 동맹관계를 맺어야만 그 상담이 성공적으로 유지될 수 있음
- 라포르는 상담관계뿐 아니라 검사 상황의 검사자와 피검자 사이에서
  도 필수적
- 피검자가 검사자를 신뢰하지 않는다면, 검사에 적극적으로 임하지 않
  고 방어적인 자세를 취할 것이고 이는 신뢰할 수 있는 결과를 도출하
  기 어렵게 함
- 지능검사는 다른 심리검사에 비해 상대적으로 피검자의 불안과 저항
  을 유발하기 쉬운 검사임
- 대부분 사람이 자신의 지능지수에 대해 민감하기 때문에 검사자는 이
  런 측면을 잘 고려해 피검자가 검사에 임하는 데 불편함이 없도록 해
  주어야 함
- 검사를 실시하는 동안 피검자를 잘 다독이고 격려할 필요가 있음
- 특히 우울이나 불안이 심한 피검자나 어린 아동의 경우에는 더욱더

세심한 배려가 필요함

- 지능검사를 실시하기 전에 긴장을 풀어주고 분위기를 부드럽게 하기 위해 BGT나 그림검사를 먼저 실시하는 것이 좋음

- 심리검사는 BGT, 그림검사(DAP·HTP·KFD), 지능검사, 로르샤흐검사 등의 순으로 실시되며, MMPI나 SCT는 피검자가 미리 해오도록 하기도 함

- 전체 심리검사를 실시하는 데는 총 3~4시간 이상 소요됨(사람의 상태에 따라 하루 이상 걸릴 수 있음)

- 처음에 피검자들은 검사에 대해 거부적이거나 긴장을 느끼지만, 검사자가 성실하게 반응해주고 자신들이 최대한 편안하게 반응하도록 격려하고 지지해주면 점점 마음의 문을 엶

- 아동이나 청소년들의 경우에는 끝까지 검사를 마치고 나면 뭔지 모를 성취감과 피검자와 검사자가 함께 과제를 완수했다는 동질감 같은 것도 가지게 되는 것 같음

- 피검자들이 검사 용지에 지능검사라고 쓰여 있는 걸 보고 "이거 IQ 테스트하는 거죠?" 아니면 "이거 무슨 검사예요?"라고 묻는 경우 지능검사라고 알려주되, 단순히 지능만을 평가하는 것이 아니고 다양한 검사를 통해 문제해결을 하기 위한 것이라고 덧붙여 설명해주어야 함

- 검사 시작 전에는 다음과 같이 일반적인 사항을 설명해주어야 함

  예] "여러 개의 서로 다른 검사를 실시하는데, 어떤 검사는 질문에 답하는 형식인 것도 있고 어떤 검사는 동작으로 문제를 푸는 경우도 있습니다. 검사는 대부분 쉬운 과제부터 시작해서 조금씩 어려워지고, 어떤 과제는 풀 수 없는

것도 있을 것입니다. 이 검사는 일종의 지능검사이지만, 여러 가지 목적으로 사용될 수 있습니다."

편안한 분위기 만들기

- 검사는 피검자의 능력이 최대로 발휘될 수 있는 분위기에서 시행되어야 함
- 검사자는 피검자가 검사에 대한 동기와 관심을 가지고, 안정되고 자연스러운 상태에서 자신의 최대 능력과 일상적인 행동을 보여줄 수 있도록 만들어주어야 하고 적절히 반응을 격려하거나 안심시키면서 진행하도록 함
- 가끔 정답을 알려달라는 피검자가 있는데 이런 경우 정답을 직접 알려주어서는 안 되지만 긴장을 풀어주는 것도 필요함
- 검사는 가능하면 한 번에 하는 것이 좋지만 피검자의 상태를 고려해 2~3번으로 나누어 실시할 수 있음
- 단, 일주일 이내에 검사를 마쳐야 하는데, 시간이 너무 지연되면 검사 결과를 신뢰할 수 없기 때문
- 시간 제한이 없는 검사(대부분의 언어성검사)에서는 피검자가 응답할 수 있을 때까지 충분한 시간 여유를 줌. "시간의 제약이 없으므로 편하게 대답하셔도 됩니다."라고 하거나 질문을 통해 반응을 이끌어내는 것이 중요함
- 시간 제한이 있는 검사(대부분의 동작성검사)에서는 시간 제약이 있음을 알려주고 너무 늦지 않게 대답하도록 유도해야 함

- 시간 제약이 있는지의 여부를 알려주지 않는 것은 검사 결과에 영향을 미치기 때문에 꼭 알려주어야 함

- 피검자가 제한시간을 넘겼다고 해도 조금은 여유 있게 기다려주는 것이 좋음

- 과제를 해결할 수 있는지의 여부가 더 중요하고, 불안이나 사회적으로 위축된 피검자에게는 좀 더 세심한 배려가 필요하기 때문

- 과제를 성공적으로 해결했더라도 시간이 지난 경우에는 'over'라고 적고 0점 처리함

- 하지만 격려해주어 다음 과제에 도전할 수 있도록 해야 함

- 피검자가 해결할 수 없다고 판단되면 "다음으로 넘어갈까요?"라고 물어보고 다음 과제로 넘어가는 것이 좋음

- 대충 과제를 수행하거나 너무 빨리 포기하는 경우에는 "아직 시간이 더 있으니 한 번 더 보는 게 어때요?"라는 식으로 권유를 해주는 것도 필요함

- 검사 중에는 피검자의 특이한 행동이나 말을 그대로 기록해 질적 분석을 하는 데 사용함

- 모호하거나 이상하게 응답한 문항은 다시 질문해 확인해야 함

- 차례맞추기의 경우, 기대되는 수준에 비해 수행이 저조하면 질문을 통해 확인할 필요가 있음

- 차례맞추기의 순서가 맞다면, 제대로 이해하고 있는지를 물어보고 그 반응을 기록 용지에 기록함

아동 지능검사 시 주의할 점

—

검사 시간과 횟수 결정하기

- 연령이 어린 아이들의 경우 한 시간 이상 집중하는 것이 어려울 수 있음
- 이럴 경우에는 2번 정도로 나누어 검사를 실시하고 부모에게도 이런 사항을 미리 알려주며 일정을 잡는 것이 필요함
- 어느 정도 연령이 되는 초등학교 고학년 아동에게는 시간이 어느 정도 걸리는지 알려주고 그날 검사를 다할 수 있는지, 아니면 다른 날 다시 와서 마무리할 것인지의 여부를 물어본 뒤 본인의 의사에 따라 결정함

검사 상황에서 문제 행동이 발생했을 때

- ADHD 증상을 보이는 아동들은 검사에 집중하지 못하거나 검사실을 뛰쳐나가려고 할 수 있고, 검사 도구를 만지려고 하는 등의 문제 행동을 보일 수 있는데 이를 적절히 통제하되 지나치게 지시적이거나 위압적인 태도는 바람직하지 않음
- 피검 아동이 "이거 하면 끝나요?"라고 묻는다면 "맞아요."라고 대답해주고, 이 검사가 끝난 것이고 다른 검사가 또 있다고 설명해주거나 거의 다 끝나간다고 독려하는 것이 중요함
- 아이들은 검사에 대한 동기가 없어 주의가 흐트러지기 쉬움

부모와의 협력

- 대부분의 아동은 자신의 의지가 아닌 부모의 의뢰로 인해 검사를 받기 때문에 자신이 왜 검사를 받고 있는지 알지 못하고 동기도 없기 때문에 검사에 비협조적일 수 있음
- 이런 점에 대해서 부모에게 충분히 설명하고, 아동이 집중하기 어려울 경우 검사를 2~3번 정도로 나누어서 할 수 있으며, 아동이 힘들 수 있다는 사실을 충분히 알려주어야 함

검사 실시하기

- 검사는 검사 기록 용지에 적혀 있는 순서대로 실시함
- 성인용과 아동용의 기록 용지가 다르므로 잘 확인하고 순서에 따라 실시함

지능검사 해석하기

양적 분석

- 양적 분석은 검사 결과 얻은 수치들을 기준으로 분석해나가는 것으로, 양적이라는 말은 수량화할 수 있다는 의미
- 언어성·동작성검사는 몇 점이고 두 검사 간 차이는 얼마나 나는지, 소검사 간 차이는 얼마인지와 같은 양적 분석을 통해서 피검자의 지능에 대한 세부적인 양상 파악 가능
- 즉 피검자의 지능이 어느 수준에 있는지를 알 수 있으며, 병전 지능의 파악도 가능
- 피검자의 전체 지능지수 수치가 '정신지체(mentally retarded)' '경계선(bolderline)' '평균 하(low averge)' '평균(aveage)' '평균 상(high average)' '우수(superior)' '최우수(very sperior)' 중 어느 수준에 속하는지를 분류하고 기술

- K-WAIS의 경우 피검자의 연령에 따른 전체 지능지수의 측정오차 범위를 기술해, 피검자의 전체 지능지수의 진점수가 포함되는 범위를 밝힘

병전 지능의 파악

- 병전 지능이란 피검자가 다양한 원인으로 인해 지능의 저하가 나타나기 전의 지능, 즉 피검자의 원래 지니고 있는 지능 수준을 말함
- 이전의 지능과 차이가 있는지를 알아봄으로써 피검자의 지능이 적절히 유지되고 있는지, 정신병리 등으로 인한 만성적인 상태인지 혹은 급성으로 발병했는지 등에 대한 추정을 할 수 있음
- 병전 지능 추정의 기본이 되는 소검사는 '어휘' '기본상식' '토막짜기'인데, 그 이유는 이들 소검사의 점수가 가장 안정적일 뿐 아니라 언어성과 동작성의 각 소검사를 대표하는 검사들이기 때문
- 이 소검사들의 점수를 기준으로 피검자의 연령·학력·직업 등을 함께 고려해 병전 지능과 피검자의 현재 지능이 15점 이상 차이가 있을 경우, 유의미한 지능의 저하가 있는 것으로 추정해볼 수 있음

언어성검사와 동작성검사 간의 비교

- 통상 언어성과 동작성 지능의 차이가 5~10점 정도 차이가 나는 경우는 정상적인 것으로 간주하는데, 만약 차이가 15점 이상으로 유의미하다면, 이 차이가 유의미한 이유에 대해서 추론해보아야 함
- 차이가 20~25점 이상 나는 경우는 뇌 손상이나 정신장애의 영향에 의

한 것일 수 있음

- 언어성검사가 아동기로부터 축적된 경험과 지식에 바탕을 두고 있다면, 동작성검사는 비교적 덜 조직화되어 있으며 보다 즉각적인 문제해결 능력을 요구함
- 언어성 지능지수가 높고 동작성 지능지수가 낮은 사람은 학력이 높고 오랜 기간 교육을 받았거나 지적 활동을 주로 하는 직업을 가지고 있을 가능성이 높음
- 그러나 새로운 상황에 대한 순발력 있고 즉각적인 대응력은 약한 경향이 있음
- 반면 동작성 지능이 높고 언어성 지능이 낮은 사람은 교육 수준은 낮고 일상생활에서의 대처 능력은 높은 경향이 있으며, 심사숙고하지 않고 임기응변식으로 대처할 가능성 높음
- 언어성 지능지수가 높고 동작성 지능지수가 낮은 사람은 학력이 높고 교육적 요소에 의한 지적 활동이 지배적이나 새로운 사태에 대한 순발력 있고 즉각적인 대응력은 약함
- 반면 동작성 지능지수가 높고 언어성 지능지수가 낮은 사람은 교육 수준은 낮은 편이지만, 일상생활에서의 대처 능력은 높은 경향이 있음

소검사 간 점수 분산 분석

- '분산 또는 편차(Scatter)'은 소검사 평가치들의 분포 형태를 말하는 것으로, 각 소검사 점수를 다른 소검사들과 비교했을 때 이탈한 정도
- 이러한 경향성을 비교해봄으로써 피검자의 지적 기능의 세부적인 모

습을 파악할 수 있고, 성격구조의 특징도 추론해볼 수 있음

예] 다른 소검사들은 10점 정도(평균)를 유지하는데 빠진곳찾기, 차례맞추기 등의 소검사 점수가 7점 정도라면, 이 피검자가 핵심을 파악하지 못하고 주변 상황에 대해 둔감하며 전체 맥락을 이해하지 못했다고 이해할 수 있고 이로 인해 문제 상황에서 상황파악을 하지 못하고 고집스럽게 자신의 생각을 고집 할 소지가 높다고 볼 수 있다.

- 통상 소검사 간 점수 차가 3점 이상이면 유의미한 것으로 간주

질적 분석

- 질적 분석은 양적 분석과 달리 검사 결과가 보여주는 수치적인 측면 이외에 피검자가 한 반응의 구체적인 내용, 반응한 방식, 언어표현 방식, 검사에서 보인 행동 등을 분석하는 것
- 검사 초기에는 적극적이었는데 점차 집중력이 흐트러지거나, 검사자 의 질문을 이해하지 못하거나, 특이한 대답을 하거나 복잡한 문제에 서 쉽게 하는 등의 행동을 통해 양적 분석에서는 놓칠 수 있는 개인의 성격적인 특징이나 심리적인 상태 등에 대한 보다 세부적인 정보를 얻을 수 있음
- 질적 분석에서 고려되어야 할 반응들
- 첫 문항이나 쉬운 문항에서 실패하는 경우는 낯선 자극에 대한 긴장 감 때문일 수 있고, 정신분열 등의 심각한 병리로 인해 실패하는 것일 가능성
- 드물거나 기괴한 내용의 대답을 할 경우 역시 심각한 병리를 의심 또

한 부연설명을 하거나 여러 가지 응답을 나열거나, 지나치게 구체화된 반응을 하는 경우는 불안이나 강박성 성향일 가능성

- 차례맞추기에서 카드의 순서는 맞지만, 검사자가 질문했을 때 내용은 제대로 설명하지 못하는 경우는 사회적 상황에 대해서 피상적 수준의 이해를 하는 것

- 숫자외우기에서 '바로 따라 외우기'보다 '거꾸로 따라 외우기'를 더 잘하는 경우는 쉬운 문제에서는 무관심하다가 어려운 과제에서 도전의식을 느끼는 경향으로 반항적인 경향 시사

- 빠진곳찾기에서 그림에서 보이지 않는 부분을 자주 언급하는 경우는 대인관계에 대한 예민성 시사

지능검사의
소검사 기능 및
해석 시 고려사항
(K-WISC 중심)

웩슬러 지능검사 알기

웩슬러 지능검사는 성인용 지능검사(K-WAIS)의 경우 만 16~64세 성인 (4판에서는 69세까지), 아동용 지능검사 KEDI-WISC는 만 5~15세 아동에 게 실시하고, K-WISC는 만 6~16세 아동에게 실시한다. 유아용 지능검사 (K-WPPSI)는 만 3~7세 유아에게 실시한다.

성인용 웩슬러 지능검사는 총 11개의 소검사로 구성되어 있고(언어 성 소검사: 기본지식, 공통성, 산수, 어휘, 이해, 숫자로 6개/ 동작성 소검사: 빠진 곳찾기, 차례맞추기, 토막짜기, 모양맞추기, 기호쓰기로 5개) 아동용에는 숫자 외우기, 미로찾기, 동형찾기의 보충검사가 있다. 성인용에서 숫자는 주 요검사이나 아동용에서 숫자는 보충검사로 점수에는 포함되지 않는다. 그러나 반드시 실시해야 하고 미로찾기와 동형찾기는 반드시 할 필요는 없다.

K-WAIS-III(성인용)의 구성

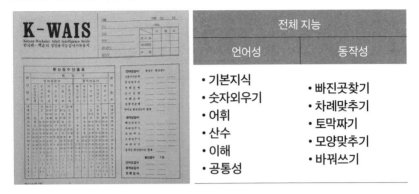

전체 지능	
언어성	동작성
• 기본지식 • 숫자외우기 • 어휘 • 산수 • 이해 • 공통성	• 빠진곳찾기 • 차례맞추기 • 토막짜기 • 모양맞추기 • 바꿔쓰기

K-WAIS-III(아동용)의 구성

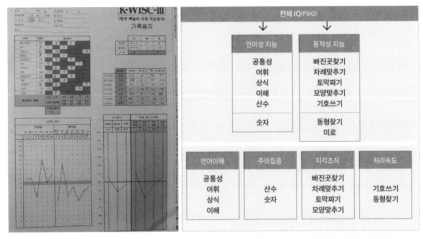

출처: 곽금주, 『K-WISC-V 이해와 해석』, 학지사, 2021

언어성검사 실시하기

K-WISC와 K-WAIS-Ⅲ는 언어성검사와 동작성검사로 구성되어 있고, 각각 여러 개의 소검사들로 구성된다.

- 언어성검사는 언어로 지시하고 언어로 답한 것을 언어로 측정하는 검사들로 구성
- 언어적인 이해 및 표현 능력을 측정하는데 여기에서는 한글뿐만 아니라 숫자, 산수까지 포함
- 숫자를 불러주고 따라 외우게 하는 것은 청각적 기억력을 요구하는 동시에 언어로 지시하고 대답하기 때문에 언어적 능력 역시 요구됨
- 특히 산수의 경우는 문제를 들려주면, 이를 이해하고 문제에 맞는 수식을 도출해 풀어야 하기 때문에 언어 이해력이 필수적

상식(기본지식)

—

개인이 소유한 기본지식, 소위 말하는 상식을 측정한다.

- 쉬운 문항부터 시작해서 학교 교육을 통해 배울 수 있는 어려운 문항으로 배치

  예] 하루는 몇 시간? → 유리의 주성분은?

- 학교 학습뿐만 아니라 경험을 통해 축적된 지식

  예] 고양이의 다리는 몇 개입니까?(아동용)

  - 학습을 통해 습득된다기보다는 일상생활에서 경험하거나 주 양육자와 소통하면서 습득

  - 어린아이들이 어른들과 소통하며 '강아지는 멍멍' '고양이는 야옹야옹'과 같은 기본적인 상식을 습득하는 것을 예로 들 수 있음

- 개인이 가지고 있는 실제적 지식의 전반적 범위, 획득된 지식의 수준

- 기억의 인출, 장기기억, 언어적 이해력, 청각적 이해력, 결정적 지능,

일반적 능력, 지적 동기 수준(성취동기), 지적 호기심, 초기 환경의 풍부

함(문화적 기회), 폭넓은 독서와 관련

- 높은 점수를 획득하기 위해서는 일반적인 능력도 중요하지만, 개인의

지적 호기심과 동기 수준이 높고 독서량이 많아야 함

- 상당히 안정적인 검사로 개인의 컨디션이나 상황 등에 영향을 거의

받지 않기 때문에 지능의 측정에 기본적이고 일반적인 능력을 반영하

며, 병전 지능 추정의 근거 자료로 쓰임

- 한 번 축적된 지식은 쉽게 변화되지 않지만 억압으로 인출의 문제가

발생할 수도 있음

- 이미 획득된 정보의 인출이나 활용에 문제가 발생할 정도가 되려면

상당한 정도의 기능 퇴보가 있어야 함

- 조현병과 같은 인지적인 기능의 와해가 심각한 경우 초기 문항부터

틀리는 경우가 많음

예] "일 년은 며칠이지요?"와 같은 쉬운 문제도 대답을 하지 못하는 경우

지능이 높은 경우라도 어려서 충분한 지적 자극 및 교육을 받지 못했고, 하기

싫어하면 부모가 이를 통제하거나 훈육시키기보다는 그대로 방치함으로써

학습에 대한 성취 동기나 인내심, 책임감 등과 관련된 학업 수행력이 개발되

지 못하면 자신의 지적 잠재력을 충분히 발휘하지 못하고 저평가될 수 있다.

대부분의 사람들이 지능이 높으면 당연히 공부를 잘할 것이고 알아서 잘할

것이라는 기대를 가진다. 그러나 지능이 높은 것과 학업 수행이 반드시 일치

하는 것은 아니다. 어려서부터 학업 수행력을 길러주지 않으면 만족스러운

결과를 얻기 어렵다.

상식(기본지식)문제의 예

- 성인) 일 년은 총 며칠입니까?

- 아동) 강아지의 다리는 몇 개입니까?

임상적 측면

• 기본지식 문제에 답하지 못할 때 특정 지식이 없다거나 경험 부족의 탓을 하는 경우 자신의 상식 부족을 창피해할 수 있기 때문에 검사자는 지지해주거나 안심시켜줄 필요가 있음

• 기본지식의 문항들은 유발하지 않는 중립적인 문제임에도 정서적인 응답이 나오는 경우 검사지에 기록해두고 유의미하게 분석함

• 만성적인 불안이 있는 경우에는 앞쪽 문항부터 실패하기 때문에 낮은 점수를 얻을 수 있는데, 쉬운 문항에서는 실패했는데 어려운 문항에서는 성공했다면 이는 기억의 인출 과정에서 문제를 시사

• 지적장애임에도 상대적으로 높은 점수를 얻는다면 진정한 이해 없는 과잉 학습의 결과일 수 있음(지적장애인 경우 대부분 5~7점 이하의 점수가 나오는데, 8점 이상의 점수를 기록한다면 집중적이고 반복훈련의 결과일 수 있음)

• 드물지만 기괴한 응답 반응이 나온다면 정신병리를 의심해봐야 함

• 낮은 점수는 억압의 방어기제와 관련

- 억압은 갈등과 연관되어 있는 사실이나 이로 인한 불편한 감정을 의식에서 무의식으로 이동시켜 억누르고 억제하는 심리적 작용으로 이기제를 과용하는 경우에는 정보의 획득과 회상을 모두 방해함

- 예를 들어 지적 능력에 비해 기본지식 문제 중 쉬운 문항임에도 정보를 회상해내지 못한다면, 상식의 부족보다는 기억이나 회상을 잘 하지 못하는 것일 수 있음
- 낮은 점수는 쉽게 포기하는 경향, 적대적인 태도, 불완전한 대답은 아예 하지 않으려는 완벽주의적인 경향 시사
- 반면 높은 점수는 지적인 야심, 주지화와 관련

신경심리적 측면
- 기본 지식은 병전 지능의 측정치로 정신병리와 대뇌 손상에 거의 영향을 받지 않음
- 낮은 교육 수준이나 문화적 경험의 박탈, 외국에서의 학습 경험 등이 없음에도 다른 언어성검사들의 점수가 낮다면, 좌반구 손상을 의심해 볼 수 있음

숫자외우기

—

청각적 단기 기억과 주의력 측정한다.

• 인간의 대뇌는 좌뇌와 우뇌로 구성되어 있는데, 좌뇌는 언어적·논리적·분석적 기능, 우뇌는 공간적·감성적 기능과 관련되어 있다. 뇌의 두 반구는 뇌량을 통해 서로 끊임없이 정보를 교환하면서 상호 협력하고 있기 때문에 좌뇌와 우뇌를 잘 사용하는 것이 중요하다.

- '바로 따라 외우기'와 '거꾸로 따라 외우기'의 2가지 부분으로 구성
- 검사자가 불러주는 숫자열(예: 3 4 5 6)을 첫 단계에서 바로 따라 외우고 다음 단계에서는 거꾸로 따라 외우게 하는 과제(예: 6 5 4 3)
- 문항의 난이도는 점점 높아지며(숫자가 점점 늘어남), 상대적으로 거꾸로 따라 외우기 수행을 어려워하는 경우가 많음
- 이 검사는 성인 지능검사에서는 전체 지능 산출에 포함되어 있으나, 아동 지능검사에서는 보충검사로 실시
- 유아들의 경우 수 개념이 형성되지 않았기 때문에 유아 지능검사에서는 포함되지 않은 대신 문장 소검사로 대치됨
- 주의 집중력, 주의력 범위, 청각적 단기기억, 즉각적인 기계적 회상, 기억의 인출
- 바로 따라 외우기는 외부에서 오는 자극을 비교적 노력하지 않고 수동적으로 의식하는 '자동적(계기적·기계적) 처리 과정'
- 거꾸로 따라 외우기는 작업 기억력(단기기억의 일종으로 능동적으로 주어진 자극을 선택하고 취합하는 역할을 함)을 평가
- 자동적 수준에서의 조직화(바로), 역전 능력(거꾸로), 표상적(거꾸로 수행에서 청각적으로 들은 숫자들을 머릿속으로 떠올려서 이를 역전시키는 작업) 수준에서의 조직화
- 인지적 융통성(바로 따라 외우기에서 거꾸로 따라 외우기로 전환할 때 적응

- 표상은 추상적인 사물이나 개념을 구체적 사물로 나타내는 것을 말함

하는 능력으로 이때 당황하는 경우가 종종 있음)

- 유동적 지능, 학습장애,* 불안, 주의산만 등과 관련
- 교육적·문화적 영향을 거의 받지 않음
- 언어성 소검사 중 피검자의 상태에 영향을 많이 받는 검사로 특히 불안에 취약
- 주의력 결핍, 불안이나 걱정 등의 불안정한 심리상태도 점수에 영향을 미침

숫자 외우기 문제의 예

문항을 불러줄 때 숫자 하나하나를 또박또박 천천히 불러주어야 하며, 한 번씩만 불러주기 때문에 잘 들어야 한다고 지시사항을 먼저 일러주어야 한다. 그리고 피검자에게 펜이나 종이 등을 주어서는 안 된다. 이 검사는 온전히 주의력과 기억력에 의존해서만 따라 외우기를 해야 한다.

바로 따라 외우기

1 2 3 → 1 2 3

거꾸로 따라 외우기

1 2 3 → 3 2 1

- 연령, 지능, 학업 등에서 기대되는 수준에 비해 읽기, 쓰기, 산술 등과 같은 학습 능력에서 어려움을 보이는 장애

임상적 측면

- 검사 상황에 민감한 소검사이므로 최대한 조용한 장소에서 실시해 야 함
- 주의력 결핍, 기억력이나 암기 전략의 부재(특히 거꾸로 외우기), 불안, 반항적 태도, 동기 저하 등으로 인해 수행이 낮을 수 있음
- 지능이 낮은 경우는 대부분 기억과 주의력에 문제가 있어 수행이 낮음
- 청각장애와 같이 청력에 문제가 있는 경우에는 검사 실시가 어렵거나 수행이 저조함
- 문항을 다 읽기도 전에 반응을 하거나 빠르게 숫자를 따라하면 충동 적인 성향 시사

신경심리적 측면

- 바로와 거꾸로 따라 외우기를 나누어 분석할 때, 거꾸로의 경우가 뇌 손상에 더 민감함
- 바로가 거꾸로 따라 외우기에 비해 5자리 이상 차이가 나는 경우 뇌 손상을 의심
- 젊은 성인의 경우 거꾸로 따라 외우기에서 3자리까지만 성공한다면 뇌기능장애를 의심
- 바로 따라 외우기는 우반구 손상보다는 좌반구 손상에 더 민감
- 거꾸로 따라 외우기는 우반구의 시각 영역에 손상이 있는 경우에 더 민감

어휘

—

여러 가지 단어들의 뜻을 설명하도록 하는 과제다.

- 일반 지능을 나타내는 중요한 지표
- 일반 개념의 정도, 언어 이해력, 언어 개념화,* 습득된 지식, 장기기억력, 학습 능력 측정
- 언어적 표현력, 추상적 언어를 이해하고 활용하는 능력, 어의적(단어나 말의 뜻) 수준과 관련한 인지능력
- 획득된 지식, 축적된 상식, 결정적 지능, 풍부한 초기 환경, 문화적 환경, 지적 호기심과 동기, 폭넓은 독서, 흥미의 범위와 관련
- 지적 호기심, 관심, 독서량, 초기 환경의 풍부성, 학교 공부, 선행학습, 생애 초기 양육자와의 언어적 상호작용 등의 영향
- 풍부하고 정확한 어휘력은 피검자가 받아온 초기 환경의 교육적 자극에 영향
- 언어는 청각적 언어의 수용과 이해력을 바탕으로 발달, 언어 표현력은 말소리와 관련된 신체 기관이 성숙하고 말소리와 언어체계에 익숙해져야 가능하기 때문에 언어 이해보다 상대적으로 늦게 발달함. 그래서 초기 양육자와 긴밀한 상호작용과 이후 초기 이후의 언어적 의

---

* 어떤 단어의 일반적인 뜻이나 내용이 무엇인지 이해하고 있는지 여부

사소통의 역할이 중요

- 다시 말해 청각적으로 주의를 기울여 상대방의 말을 듣고 이해하는 능력이 기본이어야 하고, 그것을 토대로 자신의 생각을 표현하게 되는데, 이후 축적된 경험이나 학교학습, 독서량 등이 언어 표현력의 풍부함에 영향을 미친다고 볼 수 있음

• 자폐나 자폐성향을 가지고 있는 경우 상식이나 공통성 등에 비해 어휘가 상대적으로 저조한 수행을 보임

• 이들이 기본적으로 상호작용의 문제를 가지고 있어 생애 초기부터 타인과의 의사소통 또는 상호작용을 통해 어휘를 습득하지 못했기 때문으로 보임

• 가장 안정적인 능력을 측정하는 검사로, 부적응이나 정신장애로 인한 기능의 손상 및 퇴화가 적음

• 따라서 병전 지능과 현재 지능을 비교하는 데 상식, 토막짜기와 함께 기본점수로 사용

어휘 문제의 예

"단어의 뜻을 이야기해주세요. '전염'의 뜻은 무엇입니까?"

"'웃음이 전염되었다'라고 표현할 때 쓰입니다."

→ 피검자의 설명이 애매할 경우 "좀 더 자세히 설명해주세요." "또는 무슨 뜻인지 더 설명해주세요."라고 하는 것이 필요하다.

임상적 측면

- 억압 방어기제에 의해 단어의 습득과 회상 모두에 영향

- 높은 점수는 지적인 야심, 주지화와 관련

- 반응의 내용을 분석해 피검자의 정서, 흥미, 상태, 사고 과정의 장애 등에 대한 단서를 찾을 수 있음

  예] 고통이라는 단어에 '통증이 있는 거' '슬퍼서'와 같이 반응했다면 이는 피검자의 정서적 상처나 고통에 대한 단서를 준다고 할 수 있고 비슷한 내용을 반복적으로 응답하는 경우에는 보속증을 시사

신경심리적 측면

- 뇌 손상이나 정신병리에도 비교적 민감하지 않아 병전 지능의 좋은 지표로 사용

- 시간 제한이 없어 심리적 부담은 적지만 반대로 시간이 많이 걸리기 때문에 쉽게 피로해질 수 있어 뇌 손상으로 진단이 내려진 환자들은 실시하지 않을 수도 있음

산수

—

수 개념의 이해, 계산 능력과 주의 집중력(유지)을 측정한다.

- 검사자가 불러주는 간단한 계산 문제를 암산으로 푸는 과제로 구성

- 숫자외우기 문제처럼 문제를 한 번씩만 들려주고 암산을 통해 문제를 풀도록 되어 있음
- 피검자에게 종이와 연필을 주지 않으나 손가락으로 손바닥이나 책상에 숫자를 쓸 수 있음
- 문제의 난이도는 점점 더 어려워지지만, 실제 난이도가 아주 어려운 문제들은 아니고 사칙연산을 하거나 방정식 정도의 수학적 능력을 요구하는 정도임
- 다만 문제를 주의 깊게 듣고 기억하고 암기해 수식을 도출하고 문제를 푸는 과정을 모두 암산으로 해야 하기 때문에 문제 난이도에 따라 수행이 어려울 수 있음
- 특히 집중에 어려움이 있거나 정서적으로 불안이 높으면 어렵게 느낄 수 있음
- 주로 수 개념의 이해와 주의 집중력을 측정
- 숫자외우기 소검사에 비해 많은 주의 집중력과 인지적인 노력을 요구
- 숫자가 단기기억과 단기 집중력을 측정한다면, 산수는 주의를 오래 유지하는 능력과 관련
- 단기 집중에는 문제가 없어도 주의를 오래 유지하지 못하거나, 인지적인 노력을 기울여야 하는 과제에서 쉽게 포기하려는 경향성이 있는 경우 수행이 낮음
- 숫자와 마찬가지로 산수 검사는 우울이나 불안에 취약한 검사
- 학업 성취, 교육의 영향을 받는 검사이며, 수학적 추리력, 언어적 지시를 이해하는 능력도 필요

- 숫자나 산수, 수학은 언어적인 이해 능력, 말이나 문장으로 되어 있는 언어적 지시나 문제를 이해하지 못하면 수행하지 못할 뿐만 아니라 문제를 해결하지 못함
- 수리적 계산 문제를 개념화하는 능력, 불안, 주의 집중력, 시간 제한이 있는 상황에서의 작업 능력과 관련
- 시간 내에 문제를 풀어야 한다는 긴장감과 압박감을 수반, 지나칠 경우 작업 능률 저해함
- 주의 집중력, 주의 지속 능력, 주의력 범위, 청각적 기억, 기억의 인출, 계산 능력, 수를 다루는 능력, 수학적 능력, 언어적 이해, 연속적 정보의 전달, 정신적 기민성, 상징적 내용의 기억, 표상적 수준에서의 조직화, 학교학습, 학습장애과 관련

산수 문제의 예

철수가 사탕 5개를 가지고 있는데 영희에게 3개를 주었다면, 철수에게 남은 사탕은 몇 개일까?

→ 숫자외우기처럼 종이와 연필을 사용할 수 없고, 문제는 한 번씩만 들려주기 때문에 잘 들으라고 먼저 설명해주어야 한다.

임상적 측면

- 과제 수준은 초등학교 정도로 고등교육을 받고 학업성취 능력이 높아야 하는 것은 아님
- 과제 수행의 실패는 연상두절(blocking)로 인한 일시적 실패, 주의력

이나 집중력의 부족, 종이와 연필을 사용할 수 없음에 대한 불안, 긴장감, 반항심, 자신감 부족 때문일 수 있음

- 수학 능력의 부족으로 인한 낮은 수행의 여부는 다른 능력들을 고려해야 함
  - 불안이나 우울, 단기기억, 연속적 정보 처리 등에 문제가 없는지 등을 검토
  - 즉 정서적·행동적·인지적인 측면으로 수행이 낮은 것이 아닌지 고려해야 한다는 의미
  - 따라서 계산 능력, 문항의 내용을 이해했는지 여부, 주의력 문제, 실패인지를 살펴보고
  - 검사가 끝난 뒤 피검자에게 종이와 연필을 주고 시간 제한이 없는 상황에서 문제를 풀어보도록 함으로써(한계 검증)* 불안과 주의 집중력이 미친 영향을 평가해볼 수 있음

신경심리적 측면

- 단기기억이나 즉시적 기억(immediate memory)에 문제가 있는 경우
  - 실제 자신들이 가지고 있는 수학적 능력을 보여주기 어려움
  - 문제가 점점 더 복잡해지고 여러 단계를 거쳐야 할수록 수행에 어려

---

* 한계 검증은 피검자가 실제로 할 수 있음에도 불구하고 수행을 하지 않는 것인지, 혹은 능력이 부족해 수행을 하지 못하는 것인지 검증하는 절차를 말한다. 위의 예처럼 실제로 종이와 연필을 주고 문제를 풀게 했음에도 문제를 풀지 못한다면 이는 그 능력에서의 결함을 시사하는 것이라 할 수 있다.

움을 보임

• 측두엽, 두정엽 손상이 있는 경우

- 측두엽(머리의 옆 부분)은 청각과 언어 능력과 관련 있고, 두정엽(정수리 부분)은 입체적·공간적 사고와 계산·연상기능 등을 수행하기 때문에 이 부분에 문제가 있는 경우 산수 과제에서 어려움을 보일 수 있음

이해

—

사회적 상황·사회적 규범에 대한 이해, 이와 관련된 사전적 지식 측정한다.

• 일상적인 사회적 상황과 관련된 문항들로 구성
• 일상 경험과 관련한 응용력이나 도덕적·윤리적 판단 능력을 측정
• 판단력과 현실검증력에 민감한 검사
• 사회적 지능, 상황의 인과적 관계에 대한 상식적 이해, 언어적 이해력과 표현력을 평가
• 도덕적 발달, 사회적 관습에 대한 이해 수준, 사회적 상황에 대한 사전적 지식 등을 측정
• 사회적 상황에서 어떻게 대처해야 하는지에 대한 사전적 지식이 없다면 대처하는 데 어려움이 있을 수밖에 없음
• 사회적 부적응과 관련

- 이 소검사와 동작성 소검사 중 빠진곳찾기, 차례맞추기 등의 수행이 같이 저조할 경우 사회 적응과 대인관계에서 어려움을 시사
- 사회적 이해력, 보편적인 행동에 대한 지식 수준, 판단력, 양심이나 도덕적 판단의 발달, 사회적 성숙, 실제 상황에 대한 판단 응용력, 일반화 능력, 함축된 의미의 파악, 결정적 지능, 언어적 이해력, 언어적 개념화와 관련

이해 문제의 예

질문: 거짓말을 하면 안 되는 이유는 무엇입니까?

- "거짓말을 하게 되면 상대방에게 거짓말임이 드러나게 되었을 때 상호 간의 신뢰가 깨지기 때문에 앞으로 자신의 말을 믿지 않을 것이다."라는 식의 답을 해야 하는데, 단순히 "거짓말을 하는 것은 나쁘다." "엄마가 거짓말하지 말라고 했다."라는 식의 답은 내담자가 본질적으로 거짓말을 하면 안 되는 이유에 대해 피상적으로만 이해하고 있다는 의미가 된다.
- 만약 일상생활에서 이런 문제가 생겼을 때 자신이 무엇을 잘못했는지, 상대방이 자신의 행동으로 인해 왜 화를 내는지 등을 이해하지 못할 가능성이 높고, 이로 인해 서로 갈등이 빚어질 가능성이 높다.

임상적 측면

- 사회적 관습이나 규칙, 대인관계 등에 관심이 결여되어 있거나 판단력이 손상되어 있을 경우에는 적절한 대답을 하지 못할 수 있음

  예] 품행장애나 반사회성 성격적 특성, 자폐적 성향을 가지고 있다면 대부분

의 질문에 무성의하게 대답하거나(예/아니오, 몰라요) 사회적 질서나 규범을 지켜야 하는 이유를 잘 모르거나 정확한 이해가 부족해 피상적인 대답으로 일관할 수 있음(집에서 또는 학교에서 그렇게 하라고 하니까요. 이유는 몰라요).

- 내담자의 대인관계의 패턴이나 태도, 사회적 기술이나 능력 등을 그대로 반영
- 사회적 상황에서 적절하게 대처하고 실제 적응 능력에 문제가 있는 경우나 피검자의 대처방식(수동적 또는 능동적 대처, 사회화된 행동 혹은 반사회적 행동 등)에 대한 풍부한 자료를 제공

신경심리적 측면

- 우반구 손상이 있는 경우 높은 점수를 얻어도, 실제 행동은 비적응적일 수 있음
- 언어성 소검사 중에서 좌반구 손상에 가장 민감함

공통성

—

언어의 추상적 개념, 논리적·추상적 사고 능력 측정한다.

- 2개의 단어를 불러주고 두 단어의 공통점(어린아이들에게는 '같은 점 또는 비슷한 점'이라고 말함)을 말하게 하는 과제로 구성
- 주로 언어적 개념화, 유사성의 파악 및 논리적·추상적 사고 능력을

측정

- 즉 유사성의 파악 능력과 추상적 사고 능력을 측정하는 소검사
- 언어적 개념 형성 능력, 추상적 사고력, 논리적 사고력을 평가
- 언어성검사 중 특정 학습 경험이나 교육 등의 영향을 가장 적게 받는 검사
- 이 소검사와 어휘나 상식도 같이 높다면 언어적 개념 형성과 표현 능력 등이 골고루 발달되었다고 할 수 있음
- 반대로 이 검사 점수는 높은데 상식이나 어휘가 떨어진다면, 초기 경험이나 학습 수행이 저조한 것이라 추측해볼 수 있음
- 또한 오랫동안 생각하고 근접한 답을 하려고 노력할수록 좋은 점수를 얻을 수 있기 때문에 성취 동기와도 관련이 있음
- 언어적 개념화, 언어적 이해력, 논리적·추상적·연합적 사고, 어의적 수준의 인지, 표상적 수준의 조직화, 결정적 지능, 유동적 지능, 융통성 또는 과도하게 구체적인 사고(이 경우 2점보다는 1점을 받을 가능성이 높음), 폭넓은 독서, 흥미 범위 등과 관련이 있음
- 아래의 예에서처럼 두 단어(고양이와 쥐)의 공통된 속성을 이해하고 이를 적절하게 표현하는 데는 언어적인 개념과 이해력 및 어휘력이 뒷받침되어야 함

공통성 문제의 예

질문) 고양이-쥐의 공통점은?

- "공통점으로 털이 있다." "다리가 4개다." "꼬리가 있다."라는 식으로 답

을 하는 경우는 세부적이고 구체적인 특징에 기준을 둔 것으로 추상 능력이 낮음을 보여주는 것

- 기능적인 측면과 관련된 대답을 하는 경우(예를 들어 말과 마차는 '탈 수 있다')는 부분적인 개념화로 볼 수 있음(1점)

- 이에 비해 고양이와 쥐를 동물 또는 포유류로 표현한다면 이는 추상적인 수준에서 일반적이고 포괄적인 개념으로 정의한 것(2점)

- 공통성 소검사에서는 이런 각 개념화 수준에 따라서 채점하도록 함

- 각 문항당 0, 1, 2점을 받을 수 있고, 구체적이거나 지엽적인 대답의 경우 1점을, 추상적이고 일반적이며 포괄적인 개념정의는 2점을 받게 됨

임상적 측면

• 언어검사 중에서 특정 학습, 정규교육, 배경, 경험에 의한 영향을 가장 적게 받는 소검사

• 맨앞의 몇 개의 문항들은 진정한 의미의 추상적 사고라기보다는 과잉 학습된 자동적인 연상을 반영

예] "사과와 바나나는?" "과일"과 같이 일정 부분 교육을 받은 경우에 자동적으로 대답할 수 있는 문항들이다.

• 반응들이 추상적 수준인지, 기능적 수준인지, 구체적 수준인지를 평가해야 함

• 1점에 해당되는 응답들이 주로 나오는 경우는 구체적 수준에서의 사고이며, 상대적으로 제한된 잠재력을 반영

• 이에 비해 2점과 0점의 응답이 섞여서 나오는 경우는 우수한 수행에

대한 잠재력이 다른 사람들보다 큰 것을 암시

신경심리적 측면

- 뇌 손상이 있을 경우 추상적·개념적인 반응이 어려울 수 있음(즉 2점을 받기 어려움)
- 좌반구 손상, 특히 좌측 측두엽과 전두엽 손상에 매우 민감
- 측두엽은 언어적 능력과 관련이 있으며 특히 좌측 측두엽에 언어 중추가 있음
- 전두엽은 머리의 앞쪽 부분에 위치하며 종합적인 사고와 운동기능과 관련. 계획과 통제, 실행을 하는 집행자로서의 역할을 하며 우리의 뇌 중에서 가장 늦게까지 발달하는 영역임

동작성검사 실시하기

대부분의 동작성검사는 시간 제약이 있는 경우가 많아서 피검자와 검사자 모두에게 긴장감을 주고 피검자의 상태나 상황적인 환경에 영향을 많이 받는다. 검사자가 검사 지시를 하면 비언어적인 활동을 통해 검사

1920년대 개발된 비언어적 지능검사

출처: 『사이코북』(2017)

를 수행하는데, 예를 들어 그림에서 없는 것을 찾는다거나, 순서에 맞게 그림을 배열한다거나, 그림을 보고 똑같은 모양으로 토막을 맞추고, 숫자와 짝지어진 기호로 바꾸어 쓰는 등의 활동이다.

빠진곳찾기

—

시각적 집중력과 본질과 비본질(핵심)을 파악하는 능력을 측정한다.

빠진곳찾기의 예(연습문항)

"여러 장의 그림을 보여줄 텐데 그림에서 빠진 부분이 무엇인지 말해주세요." 아동용의 경우 연습 문항으로 제시되며, 연령에 상관없이 모두 제시한다.

• 카드에 제시된 그림에서 '있어야 하는데 없는 그림'을 찾아내는 과제로 구성
• 예로 제시된 그림처럼 연필에서 있어야 하는데 없는 것(연필심)을 정확히 파악하고 말이나 손으로 지적해야 함
• 만약 종이가 없다거나 사람이 없다거나 등의 이야기를 한다면 과제에 실패한 것
• 사물의 본질·비본질적인 부분을 파악하는 능력을 측정(사물의 핵심을 파악하는 능력, 즉 어떤 것이 더 중요한가 덜 중요한가, 지엽적인가 아닌가 등)

- 시각적 예민성과 기민성, 환경에 대한 기민성, 시각적 조직화, 지각적 조직화 능력
- 시각적 집중력, 시각적 기억, 시각적 재인, 장기 시각 기억, 자동적·표상적 수준에서의 조직화, 유동적 지능, 시간 압력하의 작업 능력
- 대부분의 정상적인 피검자들은 20초 이내에 정답을 말하지만, 어떤 이들은 시간 내에 답을 해야 한다는 것만으로 상당한 불안을 느낄 수 있음
- 낯선 상황이나 자극, 불확실한 것에 대해 반응하는 능력 등과 관련
- 피검자가 그림의 어떤 측면에 초점을 맞추는가를 통해서 환경에 현실 감각을 유지하고 있는지 대해서도 정보를 얻을 수 있음
- 글을 쓰거나 서류를 작성할 때 오타나 잘못되어 있는 부분을 찾아내지 못하는 사람은 단순히 꼼꼼하지 못하고 덜렁대기 때문이라기보다는 시각적 예민성이나 시각적 집중력이 부족하기 때문일 수 있음

임상적 측면
- 제시된 그림에 있는 작은 틈이나 공백을 지적하거나 또는 단순한 물체를 알아보지 못하거나 기괴한 반응을 보이는 경우는 현실 왜곡 또는 현실검증 능력의 문제를 반영
- 로르샤흐검사에서도 그림의 작은 틈이나 공백에 대한 반응은 대부분의 사람들이 잘 보지 않는 부분으로, 이런 반응을 하는 사람들은 사물과 현상을 왜곡할 가능성이 높음
- 3~4초 이내로 너무 성급하게 대답함으로써 틀린 반응을 하는 경우는

충동성이 시사

- 제한된 시간 내에 대답하지 못하는 경우(특히 쉬운 문항)와 작화적인 반응(confabulatory response)이 여러 번 나타나거나 기괴한 양상으로 나타나는 경우에는 정신병리를 시사
- 여러 문항에서 "빠진 곳이 없다."라고 주장하는 경우는 부주의하거나 반항심·적대감·공포심을 반영
- 현실검증력과 관련이 있기 때문에 정신분열증 환자의 경우 수행이 저조

신경심리적 측면

- 뇌 손상에 영향을 비교적 덜 받음
- 시각적 실인증(물체를 알아보지 못하거나 인식하지 못하는 장애)이 있는 환자들의 경우에는 자극을 알아보지 못할 수 있음

차례맞추기

—

사회적 상황에 대한 전체적인 맥락과 뉘앙스를 파악한다.

차례맞추기의 예

앞면의 그림을 맞추고 나면 뒷면을 보고 정답이 맞는지의 여부를 확인할 수 있다. 아래 숫자는 검사가 끝나고 나서 다시 세팅을 할 때 숫자대로 세팅을 하라

는 의미다. 다른 피검자에게 검사를 실시할 때도 그림을 놓는 순서를 아래에 적혀 있는 순서대로 놓아야 한다. 즉 그림을 제시하는 순서가 피검자마다 달라서는 검사 결과를 신뢰할 수 없기 때문에 이런 순서조차도 표준화된 절차에 따라야 한다는 의미다.

앞면

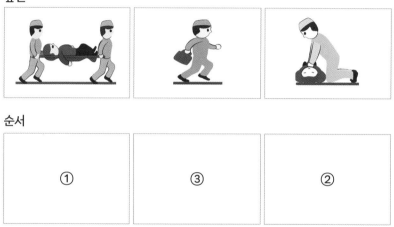

순서

① ③ ②

- 여러 장의 그림 카드들(3~6장까지 다양하며 난이도에 따라 장수가 늘어남)을 의미 있는 줄거리를 가진 이야기가 되도록 순서를 배열

  예] 친구랑 싸우고 있는데 엄마가 와서 이를 말리고, 친구의 엄마가 등장해서 엄마끼리 싸우는 장면. 장면이 순서에 맞지 않게 나열되어 있으면 이 이야기에 맞게 그림 카드를 배열하면 된다.

- 전체 상황에 대한 이해력과 계획 능력을 측정하는 소검사

- 시각적 구성력, 사회적 상황에서 인과관계를 파악하고 예측할 수 있는 능력, 계기적 정보처리 능력을 평가

- 전체적인 상황에 대한 이해 능력과 계획 능력, 예견 능력을 측정, 특히 사회적인 상황에 대한 이해 및 판단 능력과 밀접한 관련
- 사회적 지능, 결과에 대한 예견(예상) 능력, 추리력(비언어적), 계획 능력, 시간적인 연속성과 시간에 대한 개념, 시각적·연속적 전달 능력, 지각적 조직화, 시간 압력하의 작업 능력, 문화적·교육적 기회, 유동적 지능과 관련
- 이해 문제에서는 형식적이고 피상적인 수준에서는 판단력의 유지가 가능하겠지만, 차례맞추기 소검사에서 요구되는 판단력은 부적응상태나 실제 상황에서의 대처 능력과 관련
- 즉 이해 문제에서 높은 점수를 받았다고 하더라도 차례맞추기에서 낮은 점수를 받았다면, 피상적이고 이론적으로는 이해하고 있지만 실제 상황에서 적용에는 어려움이 있음

임상적 측면

- 그림 카드의 순서가 맞든 틀리든 이야기 줄거리에 대해서 설명하도록 함으로써 피검자가 정답을 맞추었다고 하더라도 제대로 이해하고 있는지 여부를 알아볼 수 있음
- 시간적인 문제로 피검자가 제대로 이해하고 있는지 여부가 애매한 경우에 한정해서 물어보는 것이 좋음
- 피검자가 어떻게 카드를 다루는가도 사고 과정에 대한 많은 정보를 줌
- 시행착오적인 접근을 하는가(즉 여러 번 실수를 반복하면서 답을 찾아가는가)
- 통찰적인 접근을 하는가

- 시각적인 피드백에 대한 의존하는가

- 충동적인가, 심사숙고를 하는가

- 전략이 있는가 등의 여부

• 논리적이고 연속적인 스토리를 이해해야 하기 때문에 심각한 정신병리와 기괴한 사고장애가 있는 경우 수행이 저조함

신경심리적 측면

• 뇌 손상에 취약하며 특히 우측 전두엽에 손상이 있는 경우에 민감
• 시각·공간 지각에 문제를 가지고 있는 사람들을 위해서 카드를 수평이 아니라 수직으로 배열할 필요가 있음

토막짜기

—

지각 구성 능력과 시각-운동 협응 능력, 비언어적 개념 형성 등 통합 능력 측정한다.

토막짜기 검사의 예

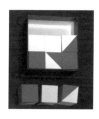

그림을 보고 토막을 맞춘다. 제한시간은 각 문항마다 제시되어 있고, 제한시간이 초과되거나 그림과 다를 경우 점수를 얻지 못한다. 제한시간보다 빠르게 토막을 맞출 경우 높은 점수가 주어진다. 예를

들어 10초 이내에 토막을 맞추게 되면 7점, 15초 이내면 6점, 20초 이
내면 5점이 되는 식이다.

- 카드에 제시되어 있는 모형을 보고 빨간색과 흰색으로 구성된 정육면
체 토막들을 이용해서 제시된 모형과 동일한 모양으로 맞추어보도록
하는 과제
- 토막은 빨간색과 흰색 면으로 구성된 정육각형(257쪽 사진 참조)
- 피검자에게 토막의 모양을 보여주면서 면들의 구성을 보여주고, 맞출
때는 윗면만 그림과 같이 맞추면 된다고 설명해주어야 함(옆이나 앞면
은 신경 쓸 필요가 없음)
- 제시되는 모형을 분석해 내적 관계를 알아내야 하고 이를 토대로 전
체적인 모양을 구성해야 하고 분석 능력과 통합 능력이 모두 필요한
과제로 일반 지능(병전 지능)의 좋은 지표
- 카드에 제시된 모양을 시각적으로 받아들여 이를 지각하고 분석하며
재구성하는 과정으로, 비언어적 개념 형성 능력과 시·공간적 분석 능
력 등 종합적인 능력을 평가
- 지각적 조직화, 형태 지각, 공간적 능력, 시각-운동 협응 능력, 전체를
구성 요소로 분석하는 능력
- 시각-운동 통합 능력, 동시적(전체적·우반구) 과정, 비언어적 개념형성,
추상적 사고, 문제해결방식, 시간 압력하의 작업 능력
- 인지적 유형(장 의존적인지 장 독립적인지, 즉 사물의 배경에 영향을 많이 받
아 비분석적이고 직관적인지, 독립적이며 분석적으로 지각하는가), 유동적 지

능과 관련

- 뇌기능장애, 특히 우반구장애 진단에 유용

임상적 측면

- 과도한 심사숙고와 강박성, 자신감의 부족은 가산점(제한시간보다 빨리 토막을 완성할 경우 가산점이 주어짐)을 받지 못하게 함으로써 낮은 점수를 얻을 수 있음
- 시행착오적 행동을 하는지의 여부, 전체적이고 통찰적인 접근, 행동의 지속성, 운동 협응 능력, 집중력, 주의 산만, 불안, 좌절 인내력, 경직성, 보속성, 사고 과정의 속도, 충동성, 부주의, 자신감, 피드백을 통해 교훈을 얻는 능력, 조심성 등과 관련
- 시지각에서의 문제가 있을 경우 이 검사를 통해서 탐색될 수 있는데, 특히 한계 검증 과정을 통해서 검증해볼 수 있음
- 카드 위에 토막을 쌓거나 수직으로 토막을 쌓는 등의 기이한 방식은 현실 검증 능력장애에 기인할 수 있음
- 같은 색, 즉 흰색이나 빨간색으로만 토막을 구성하는 식의 반복적인 방식이나 보속증 등은 지적장애나 전두엽 손상이나 알츠하이머 같은 기질적인 문제를 가진 사람들에게서 나타날 수 있음
- 고기능 자폐를 가진 피검자의 경우 제한된 흥미과 관심에 따라 퍼즐 맞추기 같은 놀이를 반복적으로 함으로써 이 과제 수행이 다른 소검사에 비해 유독 높은 경우가 있는데 이 점수가 높다고 해서 과대평가해서는 안 됨(예: 다른 소검사에서 평균 8점 이하인데 토막짜기만 15점일 경우)

신경심리적 측면

- 기본지식, 어휘 소검사와 함께 병전 지능의 좋은 지표
- 분석과 통합 능력이 동시에 요구되므로, 양 반구의 기능이 적절히 잘 발달되어 있어야 높은 점수를 얻을 수 있음
- 특히 우반구의 후반부, 두정엽 후반부 손상에 매우 민감
- 반응이 지나치게 느린 뇌 손상 환자들의 경우에는 한두 문제 정도를 시간 제한과 관계 없이 끝까지 맞추어보도록 함으로써 지구력, 좌절에 대한 인내력, 문제를 푸는 능력, 성취감 등을 평가해볼 수 있음(다만 제한시간을 넘겼기 때문에 점수에는 포함시키지 않음)

모양맞추기

—

지각 능력과 재구성력, 시각-운동 협응 능력 측정한다.

모양맞추기의 예: 아동용 지능검사 사과 그림(시범 문항)

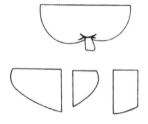
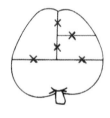

아동용 지능검사의 경우 시범 문항을 먼저 실시하고 방법을 알려준 후 실시한다. 모양맞추기는 각 조각들을 세팅하는 일련의 순서가 있고, 이 순서에 따라 세팅한 후 피검자가 조각들을 맞추도록 한다. 검사자가 세팅하는 동안 피검자가 이를 보지 못하도록 판으로 가리고 눈을 감도록 한다. 제한시간 내에 조각들을 맞추어야 하고, 전체가 아닌 일부만 맞췄더라도 부분 점수를 준다.

- 조각들을 맞추어서 특정 모양이 되도록 하는 과제로 퍼즐맞추기와 유사
- 검사자는 이 검사를 소개할 때 "퍼즐맞추기와 비슷하다."라고 설명하기도 하는데, 아동들의 경우 이럴 때 검사에 관심을 보이는 경우가 많음
- 이 검사는 지각 능력과 재구성 능력, 시각-운동 협응 능력을 주로 측정
- 토막짜기 소검사와 마찬가지로 개별적인 부분 간의 내적 관계를 파악하고 예견해서 전체 모양을 파악하는 능력이 필요
- 토막짜기 소검사에서는 전체를 부분으로 분석하는 능력이 우선시(이미 시각적으로 전체 모양이 제시되어 피검자는 제시된 그림을 보고 토막을 맞추면 되는데, 즉 정답이 제시되어 있고 이를 구성하는 것임)
- 모양맞추기 소검사에서는 부분을 전체로 통합하는 능력이 우선시 됨
- 다시 말해 모양을 어느 정도 맞추기 전까지는 전체 모양이 무엇인지 알지 못함

- 맞추다 보면 자극이 어떤 것인지, 즉 사람인지, 동물인지, 사물인지를 나중에 알게 됨
- 지각적 조직화 능력과 재구성 능력, 시각-운동 협응 능력을 측정하는 소검사로, 불확실한 것에 반응하는 능력이 요구되기 때문에 불안에 취약
- 지각적 조직화, 형태지각, 공간적 능력, 시각-운동 협응 능력, 부분을 전체로 통합하는 능력, 부분들의 관계에 대한 예견 능력, 형태관계의 평가, 동시적(전체적·우반구) 처리 과정, 불확실함에 반응하는 능력, 조 각(퍼즐)맞추기 경험, 인지적 유형(장 의존적·장 독립적), 융통성, 시간 압력하의 작업 능력, 유동적 지능과 관련

임상적 측면

- 지나친 강박적인 경향으로 추가 점수를 얻지 못해 점수가 낮을 수 있 고, 자신감의 결여로 조각을 맞추다가 실패하면 좌절하고 포기해 부 분 점수나 추가 점수를 얻지 못할 수 있음
- 토막짜기 소검사에서와 마찬가지로 문제해결방식을 관찰하며 피검 자의 행동에 대한 다양한 정보를 얻을 수 있음
  - 시행착오적 행동을 통해 얻은 결과인지(모양맞추기의 경우 전체 모양에 대한 단서가 주어지지 않기 때문에 조각들을 맞추다가 우연히 맞추는 일이 많 음)
  - 전체적이고 통찰적인 접근인지 알 수 있음
- 운동 협응 능력, 집중력, 불안, 좌절에 대한 인내력, 경직성, 보속성, 사

고 과정의 속도, 충동성, 부주의, 자신감, 피드백을 통해 교훈을 얻는 능력, 융통성 등과 관련
- 검사자가 조각들을 배열하는 동안 판으로 가리고 피검자는 눈을 감도록 하는데, 지시를 어기고 들여다보려 하는 피검자의 태도는 불안정성, 충동성, 낮은 도덕성 발달 등 시사
- 주의력 결핍 과잉 행동장애가 있는 경우에 특히 이런 행동이 두드러짐

신경심리적 측면
- 뇌 손상이 있는 경우, 특히 우반구의 후반부에 손상이 있는 경우 점수가 낮음
- 좌반구 손상은 전체적인 윤곽은 파악할 수 있지만 세부적인 것에서 실수를 보일 수 있음
- 토막짜기 소검사와는 달리 일부 뇌 손상 환자들에게서는 이 검사에서의 수행이 손상되지 않을 수도 있으나, 일반적으로는 토막짜기에서 손상이 있으면 모양맞추기에서도 손상이 있을 수 있음

바꿔쓰기

—

시각-운동 협응 능력, 정신 운동 속도, 기민성 등 측정한다.

바꿔쓰기 문제의 예

숫자에 대응하는 기호들이 있고, 주어진 시간 내에 숫자에 해당하는 기호들을 적어 넣으면 된다. 단순·반복적이면서 수고스러운 작업이다.

1	2	3
#	%	·

→

3	2	1

- 1~9까지의 숫자와 함께 짝지어서 제시해둔 기호를 보고(숫자 위에 '+' 'ㅜ' 'ㅅ' 등과 같은 기호가 아래에 제시되어 있음) 가능한 한 정확하고 빠르게 자극 숫자에 해당하는 기호를 찾아서 그 아래의 빈칸에 순차적으로 적어나가는 과제
- 시각-운동 협응 능력과 함께 단기기억 능력과 기민성도 함께 측정
- 빠른 시간 내에 친숙하지 않은 과제를 학습하는 능력도 측정
- 단기기억 및 민첩성, 시각-운동 협응력을 측정하는 소검사로, 주의 집중력, 정신운동 속도, 시각 기억, 학습 능력에 영향을 받음
- 시각-운동 기민성, 정신운동 속도(제시된 자극에 얼마나 정신적으로 빠르게 처리·반응하는가와 관련), 시각-운동 협응 능력, 눈-손 협응 능력, 익숙하지 않은 과제를 학습하는 능력(숫자를 기호를 바꾸는 과정은 피검자에게 익숙하지 않은 과제일 수 있음)
- 지시에 따르는 능력이나 태도, 시각적 단기기억, 시각적 연속적 전달, 정확하고 세부적인 것에 대한 강박적 염려, 쓰기 속도, 연필과 종이를 다루는 능력, 시간 압력하의 작업 능력, 불안, 주의 산만, 학습장애(쓰

기장애가 있다면 더욱 어려움이 있음) 등과 관련

- 정확한 것과 세부 사항에 대한 강박적 경향, 불안, 주의 분산과 관련
- 뇌 손상에 기인한 시각-운동 협응의 어려움, 완벽주의적·강박적 성향, 우울증에 기인한 정신운동 속도의 지체 등에 민감
- 이 과제를 통해 피검자의 태도와 성취 욕구 등도 같이 관찰할 수 있음
- 무기력하거나 우울한 경우, 반항심이 있는 경우에는 수행이 저조하며, 특히 이 과제에 거부반응이 있는 경우에는 한숨을 쉬거나 어디까지 해야 하는지를 묻기도 한함
- 반대로 성취 욕구가 높거나 강박 성향이 강하면 거의 끝까지 완성하는 경우가 많음

임상적 측면

- 피검자에게 "기호를 지나치게 완벽하게 쓰는 것이 아니라, 알아볼 수 있는 정도로 쓰면 된다."라고 말해주어야 함
- 특히 완벽주의적이거나 강박성 성향이 있는 경우에는 꼭 알려줄 필요가 있음
- 시각적 손상이 있는지의 여부에 대해서는 검사하기 앞서 검토해야 함
- 문맹자나 학업적 성취가 낮고 평소에 종이와 연필 사용을 하지 않는 사람에게 불리함
- 우울증이 있는 경우 정신운동 속도가 지체되어 수행이 저조
- 성취 동기, 주의 산만, 피로, 기호를 암기해 쓰는 것, 지루함이 수행의 변화에 영향

- 이 검사는 열심히 하면 높은 점수를 얻을 수 있기에 성취 동기가 중요한데, 실제로 이 점수가 높은 사람들은 강박적이거나 주어진 일을 성실히 하는 사람들일 가능성이 높음

신경심리적 측면
- 대뇌 손상에 극히 취약하기에 손상이 있는지의 여부에 대한 좋은 지표
- 우반구 손상, 특히 우측 측두엽에 손상이 있는 환자는 지남력(시간과 장소, 환경 등을 바로 인식하고 있는지 여부) 실수를 할 가능성이 높음

사례로 배우는 지능검사

아동 사례

—

인적사항: 초등학교 3학년, 남아

해석 순서

① 전체 지능지수 90으로 평균 수준

② 언어성 지능과 동작성 지능을 비교하면 언어성 지능이 93, 동작성 지능이 89로 점수차가 4점으로 유의미하지는 않음

③ 소검사 간 편차가 최대 8점으로 인지적인 비효율성이 암시됨

④ 기본지식, 어휘, 토막짜기의 소검사 점수들을 고려해볼 때 평균 정도의 지적 잠재 능력 소유

⑤ 강점과 단점 파악하기

소검사 항목

구분	소검사	환산 점수
언어성 지능	기본지식	9
	공통성	13
	산수	7
	어휘	10
	이해	7
	숫자	13
동작성 지능	빠진곳찾기	10
	기호쓰기	7
	차례맞추기	5
	토막짜기	11
	모양맞추기	10
	동형찾기	7
	미로	7

지능검사 프로파일 K-WAIS

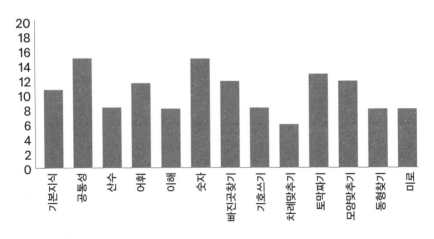

PART 05 지능검사의 소검사 기능 및 해석 시 고려사항(K-WISC 중심)

- 강점: 공통성(13), 숫자(13), 토막짜기(11) 등에서 우수한 수행을 보임. 즉 언어적 개념 형성과 추상화 능력, 단기기억 및 주의 집중력, 시각적 조직화 능력 및 눈-손의 협응력과 비언어적 추상화 능력이 우수한 수준으로 유지되고 있음
- 단점: 산수(7), 이해(7), 기호쓰기(7), 차례맞추기(5) 등에서 낮은 수행을 보이고 있음. 인지적인 노력을 기울여야 하는 과제에서 집중력이 흐트러지고 있고, 사회적 상황에서의 사전적 지식이나 사회적인 규칙·규범에 대한 이해력이 부족하고, 정신운동 속도와 기민성 등에서 어려움을 보이고 있음. 특히 사회적 맥락 파악이나 미묘한 뉘앙스를 이해하는 데 어려움이 있는 것으로 보임

평가 결과

- K-WISC-Ⅲ로 평가한 전체 지능지수는 90(VIQ=93, PIQ=89)로 '평균 수준'에 속하나, 어휘, 토막짜기 등의 수행 능력을 고려할 때 이와 동등하거나 이를 상회하는 수준의 지적 능력이 예상
- 언어성 지능(VIQ)와 동작성 지능(PIQ)의 점수차는 유의미하지 않으나 소검사 간 큰 편차를 보여(최대 8점) 인지적 비효율성 시사
- 인지기능
- 언어적 추상화 개념이나 단순한 청각적 주의력은 매우 우수한 수준으로 유지
- 시각-운동 협응 능력도 우수한 수준으로 유지
- 본질·비본질을 구분하고 핵심을 파악하는 능력 양호

- 습득한 지식을 언어적으로 이해하고 표현하는 능력도 비교적 양호하게 발달되어 있는 등 가용할 만한 자원을 가지고 있으며, 전반적으로 양호한 상태의 언어 발달을 보이고 있음
- 그러나 양육자와의 긴밀한 상호작용을 통해 획득하는 지식이나 학교 학습 등을 통해 습득되는 기본지식은 상대적으로 저조한 상태
- 성실하고 집중하려는 태도에도 불구하고 상대적으로 주의 집중기간이 길어지거나 빠른 속도를 요구하는 과제에서 지속적인 주의 집중을 하지 못하고 반복적으로 "네?"라고 되묻거나 어려움을 보이면서 정신운동 속도에서 지체를 보임
- 이와 관련된 과제(산수, 기호쓰기)에서 저조한 수행
- 또한 양육 초기 양육자와의 긴밀한 상호작용을 통해 습득되는 언어적 표현력이나 지식 등이 적절히 형성되지 못함으로써 상대적으로 긴 언어를 사용해 자신의 생각을 적절하게 표현하지 못할 가능성 시사
• 사회적 능력
- 상황에 대한 관습적인 행동이나 규범에 대한 지식이 언어적 측면과 비교해 매우 저조함
- 사회적 상황에서 당면한 문제나 과제를 해결하는 과정에서 미묘한 뉘앙스와 사회적 단서에 주의를 기울이지 못함
- 전후 맥락을 파악하지 못하고 어떻게 행동하고 대처해야 하는지에 대한 이해가 부족
- 상황을 예상하는 능력도 저조해 실제 문제 상황에서 대처 능력이 떨어지고, 충동적으로 행동할 가능성이 높음

- 요약 및 제언
- 따라서 상황적 요구나 친구들의 욕구에 둔감함은 물론, 적절한 대처를 강구하지 못하고 자신의 의견을 조리 있게 표현하지 못해 어려움을 겪으면서 또래관계에서 갈등을 빚을 가능성이 높음
- 아동은 사회적 능력을 발달시키고 상호호혜적 관계를 형성하는 법을 배울 수 있는 사회기술 훈련이 필요함

성인 사례

—

인적사항: 20대 초반, 남성, 고졸, 배달업종에 종사 중

평가 결과

- 지능검사(K-WAIS)에서 전체 지능은 '평균 수준'에 속하고, 이와 동등한 수준의 잠재 지능이 예상
- 소검사 간 큰 편차를 보이고 있어(최대 7점) 인지적 역기능(cognitive dysfuction)이 시사
- 인지기능
- 단순한 청각적 주의력은 피검자의 연령대에서 우수(숫자 14점)
- 익숙하고 자동화되고 계기적 정보처리 영역에서는 적절한 수행을 보임
- 시행착오 학습 능력도 양호한 편에 속하며, 일상생활에서의 경험을 통해 습득되는 기본지식·언어개념 등도 어느 정도 유지

소검사 항목

구분	소검사	환산 점수
언어성 지능	상식	8
	숫자	14
	어휘	6
	산수	8
	이해	8
	공통성	8
동작성 지능	빠진곳찾기	4
	차례맞추기	11
	토막짜기	7
	모양맞추기	10
	바꿔쓰기	10

지능검사 프로파일 K-WAIS

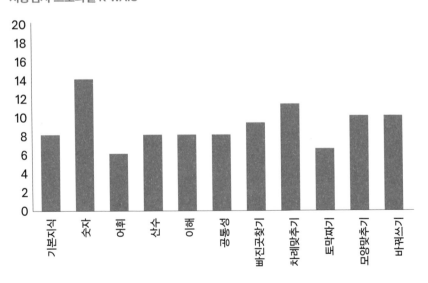

PART 05 지능검사의 소검사 기능 및 해석 시 고려사항(K-WISC 중심)

- 그러나 구체적으로 살펴보면 학습을 통해 획득되는 기본지식이 적절히 형성되지 않은 상태로, 피검자가 주변 환경에 대해 흥미나 주의 폭이 넓지 않아 협소한 조망을 보임
- 자신의 생각이나 감정을 언어적으로 표현하는 언어적 능력, 즉 어휘력(어휘 6점)이 상당히 저하되어 있어 개인적 경험을 정확히 인식하고 내면화해 지각하고 정리하는 것이 어려움
- 자신의 생각을 논리적으로 적절히 표현하는 데 어려움을 겪고 있는 것으로 보임
- 심리적인 자원이 부족해 작은 스트레스에도 이를 내성하지 못하고 즉각적으로 발산하거나 행동화해왔던 것으로 보임
- 문제에 대처하는 태도에서도 문제 상황에 직면했을 때 적절한 방법을 강구하지 못하고 적극적으로 대처하지 못하며, 그 문제에 관여치 않고 책임지지 않으려는 회피적·수동적인 경향성
- '좋은 게 좋은 거'라는 피상적인 태도를 취하면서 쉽게 해결하려는 경향성이 강함
- 한편 동작성검사에서는 주어진 자극을 규합하고 귀납적 처리를 하는 능력(모양맞추기 10점)은 양호하게 발달
- 반면, 일정한 자극을 연역적으로 추리해 실현하는 능력이나 인지적 능력이 요구되는 능력(토막짜기 7점)에서는 낮은 수행을 보임
- 추상적으로 개념화하는 능력이 부족해 추상적 사고력과 개념 형성에 어려움이 예상
• 사회적 인지기능

- 관련해서는 대인관계에서의 미묘한 뉘앙스 파악, 사회적 상황에서의 전후 맥락에 대한 이해는 적절
- 기본적이면서 근본적인 사회 통념이나 규범적 이해가 부족
- 사회적 상황에 대한 핵심파악을 어려워함
- 문제해결 상황에서 근본적인 이해 없이 임기 응변식 대처나 수동적·회피적 대처가 나타날 가능성이 높음
- 이를 언어적으로 조리 있게 타인에게 설명하거나 표현하지 못해 대인관계에서의 마찰은 불가피할 것으로 예상
• 종합 평가 및 제언
- 피검자는 평균 수준의 지적 잠재력을 가지고 있으며 단순한 청각적 주의력이나 자동화된 정보처리 능력, 시행착오 학습 능력은 우수한 수준으로 유지
- 그러나 주변환경에 대한 흥미나 주의 폭이 협소하고 기본지식이나 어휘력이 부족해 자신의 생각을 논리적으로 피력하기 어려우며 적은 스트레스에도 비적응적인 방식으로 즉각적으로 발산할 가능성이 시사
- 또한 인지적인 노력을 기울이지 못해 추상적 사고나 개념 형성이 어렵고, 사회적 통념이나 이해가 부족하며 사상에 대한 핵심 파악도 어려워 문제해결 상황에서 임기응변식 또는 수동적 대처를 할 가능성이 높음
- 따라서 피검자는 분노감이나 불안감을 다루고 상호호혜적인 대인관계를 수립하고 자신의 생각을 적절하게 표현하기 위한 인지행동적 심리상담을 권고함

K-WISC-IV와 K-WISC-V 알아보기

K-WISC-IV

—

주요 변경사항

① 언어성과 동작성 IQ 폐기

② 전체 IQ와 4가지 지표점수(언어이해, 지각추론, 작업기억, 처리속도)로
  산출

③ 10개의 주요 소검사와 5개의 보충소검사로 구성

④ 5가지 소검사(단어추리, 공통그림찾기, 행렬추리, 순차연결, 선택)가 추가

⑤ 미로, 차례맞추기, 모양맞추기 삭제

K-WISC-IV

출처: 인싸이트(inpsyt.co.kr)

K-WISC-III 검사 구성

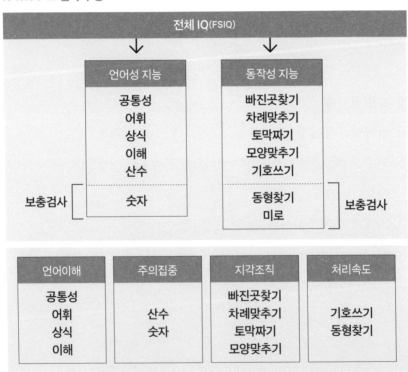

출처: 곽금주, 『K-WISC-V 이해와 해석』, 학지사, 2021

PART 05 지능검사의 소검사 기능 및 해석 시 고려사항(K-WISC 중심)

K-WISC-III 소검사

언어성검사	동작성검사
① 기본지식: 학교 학습 및 문화적 경험 등 축적된 지식 평가 ② 공통성: 언어적 개념형성 능력과 추상화 능력, 논리적 사고 능력 평가 ③ 산수: 지속적인 주의집중력, 작업기억력, 정신적 기민성 등 평가 ④ 어휘: 언어적 개념화, 습득된 지식, 장기 기억력 측정 ⑤ 이해: 도덕적·윤리적 판단 능력, 사회적 지능, 언어적 이해력 및 표현력 평가 ⑥ 숫자: 청각적 주의력과 단기기억, 주의폭, 주의산만성 평가	⑦ 빠진곳찾기: 사물의 중요한 부분과 지엽적인 부분 구별, 본질과 비본질 구분 및 핵심을 파악하는 능력, 지각적 예민성, 현실검증력 평가 ⑧ 차례맞추기: 사회적 상황에 대한 이해, 전체 상황을 이해하고 구성하는 능력 평가 ⑨ 토막짜기: 시각-운동의 협응 능력, 비언어적 개념형성 능력과 지각적 조직화 능력 등 종합능력 평가, 전체에서 부분 ⑩ 모양맞추기: 시각-운동의 협응 능력, 비언어적 개념형성 능력과 지각적 조직화 능력 등 종합능력 평가, 부분에서 전체 ⑪ 기호쓰기: 주의집중력, 정신-운동 속도, 시각 기억, 성취 동기 등 평가

K-WISC-IV 지표점수와 하위 소검사

언어이해지표 (VCI)	지각추론지표 (PRI)	작업기억지표 (WMI)	처리속도지표 (PSI)
공통성 어휘 이해	토막짜기 공통그림찾기 행렬추리	숫자 순차연결	기호쓰기 동형찾기
(상식) (단어추리)	(빠진곳찾기)	(산수)	(선택)

※ ( )는 보충소검사

K-WISC-IV 소검사

주요 소검사	내용
토막짜기	제한시간 이내에 흰색과 빨간색으로 이루어진 토막을 사용해 제시된 모형이나 그림과 똑같은 모양을 만든다.
공통성	공통적인 사물이나 개념을 나타내는 2개의 단어를 듣고 두 단어의 유사점을 말한다.
숫자	숫자 바로 따라하기에서는 검사자가 불러준 숫자와 같은 순서대로 아동이 따라한다. 숫자 거꾸로 따라하기에서는 검사자가 불러준 숫자와 반대 방향으로 아동이 따라한다.
공통그림찾기	공통그림찾기는 주요 소검사로, 2~3행의 그림을 보고 하나의 개념을 형성할 수 있는 그림을 각 행에서 하나씩 선택한다.
기호쓰기	간단한 기하학적인 모양이나 숫자에 대응하는 기호를 그린다. 기호표를 이용해 아동은 해당하는 모양이나 빈칸 안에 각각의 기호를 주어진 시간 안에 그린다.
어휘	그림 문항에서 아동은 소책자에 있는 사물의 이름을 말한다. 말하기 문항에서는 아동은 검사자가 읽어주는 단어의 정의를 말한다.
순차연결	검사자가 연속되는 숫자와 글자를 읽어주고 아동은 숫자가 커지는 순서와 한글의 가나다 순서대로 암기하도록 한다.
행렬추리	불완전한 행렬을 보고 5개의 반응 선택지에서 제시된 행렬의 빠진 부분을 찾아낸다.
이해	일반적인 원칙과 사회적 상황에 대한 이해에 기초한 질문에 대답한다.
동형찾기	반응부분을 훑어보고 반응부분의 모양 중 표적 모양과 일치하는 것이 있는지를 제한시간 내에 표시한다.
보충검사	내용
(빠진곳찾기)	그림을 보고 제한시간 내에 빠져 있는 중요한 부분을 가리키거나 말한다.

(선택)	무선으로 배열된 그림과 일렬로 배열된 그림을 훑어보고 제한 시간 안에 표적 그림에 표시한다.
(상식)	일반적인 지식에 대한 광범위한 주제를 다루는 질문에 대답을 한다.
(산수)	구두로 주어지는 일련의 산수 문제를 제한시간 내에 암산으로 푼다.
(단어추리)	일련의 문장에서 공통된 개념을 찾아내어 단어로 말한다.

K-WISC-IV 개정에서 나타난 제한점

• 언어성 지능과 동작성 지능의 폐기

- 언어성 지능과 동작성 지능은 각각 언어이해지표(Verbal Comprehesion Index, VCI)와 지각추론 지표(Perceptual Reasoning Index, PRI)로 대체

- 언어성 지능과 동작성 지능의 유의미한 차이를 통해 분석될 수 있는 측면들이 무시

- 언어성 지능이 동작성 지능보다 유의미하게 높을 경우 우뇌의 기능 이상, 신경증, 강박증, 우울과 같은 정서적인 문제로 인한 우뇌기능의 저하, 고학력 등 학업성취로 인한 언어 발달의 우세

- 동작성 지능이 유의미하게 높을 경우 좌반구 손상, 사이코패스나 소시오패스와 같은 자기애적 성향, 빈약한 학업성취 등을 고려해볼 수 있음

• 차례맞추기와 모양맞추기 소검사가 제외됨으로써 학령전기 아동들과 초등학교 저학년 아동들의 경우 검사에 대한 흥미가 감소

- 많은 검사자들은 차례맞추기가 대인관계 상황에서의 사회적 인지를

측정하는 데 임상적인 가치가 있음에도 불구하고 이를 대체할 소검사가 존재하지 않는다는 문제가 있음

새롭게 추가된 소검사들

공통그림찾기(Picture Conpets)

- 지각추론지표 주요 소검사로, 2~3행의 그림을 보고 하나의 개념을 형성할 수 있는 그림을 각 행에서 하나씩 선택하도록 요구, 총 28문항으로 구성
- 공통그림찾기 소검사는 대개 지각 인식 과정에 기반한 추상적·범주적 추론 능력을 평가
- 각 행의 그림 간 공유한 특성은 범주, 외양, 기능, 용도 등일 수 있으며,

공통그림찾기

실제 과제에서는 그림을 가리키기만 하면 되므로 아동이 공유한 특성을 어떻게 추론했는지는 알기 어려움
- 이 소검사는 추상화와 범주적 추론 능력을 측정하기 위해 새롭게 고안되었음

순차연결(Letter-Number Sequencing)

- 순차연결은 작업지표의 주요 소검사
- 임의의 순서로 불러주는 숫자와 문자를 순서대로 나열하는 과제로 각 문항당 3회의 시행이 포함된 10문항으로 구성
- 7세 이하의 아동의 경우 숫자 및 문자의 순서를 알고 있는지(숫자 3까지, 한글 '다'까지) 여부를 검정문항을 통해 확인 후 시행 가능
- 순차연결 소검사는 숫자와 문자를 동시에 추적하면서 숫자를 순서대

순차연결

로 배치하고 문자는 숫자 뒤에 순서대로 배치해 각 순서의 부분을 잊

어버리지 않고 숫자와 문자의 2가지 정신적 작동을 수행해야 함

• 순차연결 소검사는 주의력, 청각적 단기기억, 정보처리 등과 연관

• 차분하고 편안한 아동은 불안한 아동보다 수행이 우수

행렬추리(Matrix Reasoning)

• 지각추론지표 주요 소검사

• 행렬을 완성하기 위해 4~5개의 보기 중에서 하나의 패턴을 선택하도

  록 요구되며, 총 35개의 문항으로 구성

• 토막짜기와 달리 시간 제한이 없으므로, 속도요인이 배제된 지각추론

  능력과 관련, 특히 비언어적 유동적 추론 능력을 측정

• 부분-전체 관계를 파악해 특정 패턴을 완성했던 사전 경험이 도움이

행렬추리

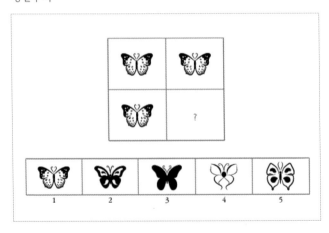

되며, 불확실할 때 적극적으로 반응하려는 태도도 수행에 도움이 됨

동형찾기(Symbol search)

- 동형찾기는 3판에서는 보충검사였으나, 4판에서는 처리속도지표의 주요 소검사에 포함
- 120초 내에 표적 기호가 반응 영역의 기호들 중에 있는지 찾아 예/아니오로 답하는 과제
- 동형찾기 소검사는 지각적 변별, 속도와 정확성, 시각적 주사, 주의력과 집중력, 단기기억, 인지적 융통성(한 영역에서 다른 영역으로 빠르게 이동)을 포함

선택(Cancellation)

- 처리속도지표가 보충소검사
- 45초 내에 여러 종류의 동물과 사물이 배열된 그림에서 목표 자극인 동물을 찾아 표사하도록 요구됨
- 그림의 배열 형태에 따라 무선배열과 일렬배열의 2가지 양식이 있음
- 무선배열은 그림자극이 무선적으로 배열
- 일렬배열은 줄과 열에 따라 배열
- 선택 소검사는 지각적 변별, 지각적 인식, 속도와 정확성, 지각적 탐색, 주의력과 집중력, 단기기억(예: 동물만 체크할 것을 기억하기), 지구력, 초점을 유지하는 능력(예: 산만해지지 않는 것을 기억하기) 등과 연관
- 기호쓰기나 동형찾기 소검사처럼 속도와 정확도로 평가되므로 시각

적인 재인 및 시각적 주사와 관련

단어추리(Word Reasoning)

- 단어추리는 언어이해지표의 보충소검사로 일련의 단서가 설명하는 공통개념을 답하도록 요구되며 총 24문항으로 구성
- 언어적 추론, 연역적 추론, 언어이해, 언어적 추상화, 종합능력 (synthesizing ability), 대안적 개념형성 능력을 경험

K-WAIS-IV의 구성(성인 16~69세)

언어 이해	작업기억
공통성, 어휘, 기본지식, 이해	숫자, 산수, 순서화
지각 추론	**처리 속도**
토막짜기, 행렬추론, 퍼즐, 무게비교, 빠진곳찾기	동형찾기, 기호쓰기, 지우기

행렬추론

- 일부가 빠져 있는 행렬 매트릭스를 보고 행렬 매트릭스를 완성하기 위해 반응 선택지를 고르는 소검사
- 유동적 지능, 광범위한 시각적 지능, 분류와 공간적 능력, 부분과 전체의 관계를 파악하는 능력, 동시적 처리, 지각적 조직화 능력 등을 측정

퍼즐

- 제한시간 내에 완성된 퍼즐을 보고, 그 퍼즐을 만들 수 있는 3개의 반응을 찾는 소검사
- 비언어적 추론과 추상적인 시각 자극을 분석·통합하는 능력을 측정
- 이전의 모양 맞추기와 유사한 영역을 측정하는데, 시지각, 광범위한 시각적 지능, 유동적 지능, 동시적 처리 능력, 공간적 시각화와 조작 능력, 부분들 간의 관계를 예상할 수 있는 능력 등을 측정

무게비교

- 정해진 시간 내에 양쪽 무게가 달라 균형이 맞지 않는 저울 그림을 보고 균형을 만드는 데 필요한 반응을 찾는 소검사
- 지각적 추론의 보충검사
- 양적 추론, 유추적 추론을 측정. 양적 추론 과제는 수학적으로 표현될 수 있는 추론 과정과 관련되어 있으며, 귀납적·연역적 추론이 강조

동형찾기

- 탐색집단에서 표적 기호와 동일한 것을 찾는 것으로 처리 속도의 핵심 소검사
- 처리 속도에 더해 단기적 시각 기억력, 시각-운동 협응력, 인

지적 유연성, 시각적 변별력, 정신운동 속도, 정신적 조작 속도, 주의력, 집중력 등이 포함
- 청각적 이해력, 지각적 조직화 능력, 유동적 지능, 계획 및 학습 능력 등도 포함

지우기

- 조직적으로 배열되어 있는 도형들 속에서 표적 모양을 찾아 표시하는 소검사
- 수행하는 과제는 처리 속도, 시각적 선택적 주의력, 지각 속도, 시각-운동 능력을 측정

K-WISC-V
—

- 한국 웩슬러 아동지능 검사 5판(K-WISC-V: Korean Wechsler Intellignece Scale for Children-Fifth Edition: 만 6세 0개월부터 만 16세 11개월)은 한국 웩슬러 아동지능검사 4판의 개정판으로 전반적인 지적 능력(즉 전체지능지수; FSIQ)과 특정 인지 영역(예: 언어이해, 작업기억)의 지적 기능을 나타내는 소검사들과 합산점수로 구성
- 추가적인 임상적 활용을 위한 여러 소검사와 처리점수 및 지표점수를 포함

웩슬러 지능검사 체계의 발달

미국판			한국판		
성인용	아동용	영유아용	성인용	아동용	영유아용
WB-I (1939) 7~69세	WB-II (1946) 10~69세		WB-II (1954) 17~54세		
↓			↓		
WAIS (1955) 16~64세	WISC (1949) 5~15:11세	WPPSI (1967) 4~6:6세	KWIS (1963) 12~64세	K-WISC (1974) 5~16:11세	
↓			↓		
WAIS-R (1981) 16~74세	WISC-R (1974) 6~16:11세	WPPSI-R (1989) 3~7:3세	K-WAIS-R (1992) 16~64세	KEDI-WISC (1987) 5~15:11세	K-WPPSI (1996) 3~7:3세
↓			↓		
WAIS-III (1997) 16~89세	WISC-III (1991) 6~16:11세	WPPSI-III (2002) 2:6~7:3세	K-WISC-III (2001) 6~16:11세		
↓			↓		
WAIS-IV (2008) 16~90세	WISC-IV (2003) 6~16:11세	WPPSI-IV (2012) 2:6~7:7세	K-WAIS-IV (2012) 16~69세	K-WISC-IV (2011) 6~16:11세	K-WPPSI-IV (2016) 2:6~7:7세
↓			↓		
	WISC-V (2014) 6~16:11세			K-WISC-V (2019) 6~16:11세	

출처: 이우경·이원혜, 『심리평가의 최신 흐름』, 학지사, 2019

4판 전체 IQ와 5판 전체 IQ

	언어이해	지각추론	작업기억	처리속도
4판 전체 IQ	공통성 어휘 이해	토막짜기 공통그림찾기 행렬추리	숫자 순차연결	기호쓰기 동형찾기

	언어이해	시공간	유동추론	작업기억	처리속도
5판 전체 IQ	공통성 어휘	토막짜기	행렬추리 무게비교	숫자	기호쓰기

출처: 곽금주, 「K-WISC-V 이해와 해석」, 학지사, 2021

전체척도

언어이해지표 (VCI)	시공간지표 (VSI)	유동추론지표 (FRI)	작업기억지표 (WMI)	처리속도지표 (PSI)
공통성 어휘 상식 이해	토막짜기 퍼즐	행렬추리 무게비교 공통그림찾기 산수	숫자 그림기억 순차연결	기호쓰기 동형찾기 선택

기본지표척도

언어이해지표 (VCI)	시공간지표 (VSI)	유동추론지표 (FRI)	작업기억지표 (WMI)	처리속도지표 (PSI)
공통성 어휘	토막짜기 퍼즐	행렬추리 무게비교	숫자 그림기억	기호쓰기 동형찾기

추가지표척도

양적추론지표 (QRI)	청각작업기억 지표(AWMI)	비언어지표 (NVI)	일반능력지표 (GAI)	인지효율지표 (CPI)
무게비교 산수	숫자 순차연결	토막짜기 퍼즐 행렬추리 무게비교 그림기억 기호쓰기	공통성 어휘 토막짜기 행렬추리 무게비교	숫자 그림기억 기호쓰기 동형찾기

보충지표척도

명명속도지표(NSI)	상징해석지표(STI)	기억인출지표(SRI)
이름 빨리 말하기 양 빨리 말하기	즉각 암호해독 지연 암호해독 재인 암호해독	이름 빨리 말하기 양 빨리 말하기 즉각 암호해독 지연 암호해독 재인 암호해독

소검사 내용

- K-WISC-Ⅴ는 16개의 소검사로 구성

- K-WISC-Ⅳ와 동일한 13개 소검사(토막짜기, 공통성, 행렬추리, 숫자, 기호쓰기, 어휘, 동형찾기, 상식, 공통그림찾기, 순차연결, 선택, 이해, 산수)

- K-WISC-Ⅴ에서 새롭게 개발된 3개의 소검사(무게비교, 퍼즐, 그림기억)로 구성

소검사 내용

소검사	약자	설명
1. 토막짜기 (Block Design)	BD	아동은 제한시간 내에 주어지 2가지 색으로 이루어진 토막을 사용해 제시된 모형이나 그림과 똑같은 모양을 만들어야 한다.
2. 공통성 (Similarities)	SI	아동은 공통적인 사물이나 개념을 나타내는 2개의 단어를 듣고 두 단어가 어떻게 유사한지 말해야 한다.
3. 행렬추리 (Matrix Reasoning)	MR	아동은 행렬이나 연속의 일부를 보고, 행렬 또는 연속을 완성하는 보기를 찾아야 한다.
4. 숫자 (Digit Span)	DS	아동은 수열을 듣고 기억해 숫자를 바로 따라하고, 거꾸로 따라하고 순서대로 따라해야 한다.
5. 기호쓰기 (Coding)	CD	아동은 제한시간 내에 기호표를 사용해 간단한 기하학적 모양이나 숫자와 상응하는 기호를 따라 그려야 한다.
6. 어휘 (Vocabulary)	VC	아동은 그림 문항에서는 소책자에 그려진 사물의 이름을 말하고, 말하기 문장에서는 검사자가 읽어주는 단어의 뜻을 말해야 한다.
7. 무게비교* (Figure Weights)	FW	아동은 제한시간 내에 양쪽 무게가 달라 균형이 맞지 않는 저울 그림을 보고 균형을 유지할 수 있는 보기를 찾아야 한다.
8. 퍼즐* (Visual Puzzles)	VP	아동은 제한시간 내에 완성된 퍼즐을 보고 퍼즐을 구성할 수 있는 3개의 조각을 선택해야 한다.
9. 그림기억* (Picture Span)	PS	아동은 제한시간 내에 1개 이상의 그림이 있는 자극 페이지를 본 후, 반응 페이지에 있는 보기에서 해당 그림을 (가능한 한 순서대로) 찾아야 한다.
10. 동형찾기 (Symbol Search)	SS	아동은 제한시간 내에 반응 부분을 훑어보고 표정 모양과 동일한 것을 찾아야 한다.
11. 상식 (Information)	IN	아동은 일반적 지식에 관한 광범위한 주제를 다루는 질문에 답변해야 한다.

12. 공통그림찾기 (Picture Concepts)	PC	아동은 두 줄 혹은 세 줄로 이루어진 그림들을 보고 각 줄에서 공통된 특성으로 묶을 수 있는 그림들을 하나씩 골라야 한다.
13. 순차연결 (letter-Number Sequencing)	LN	아동은 연속된 숫자와 글자를 듣고, 숫자는 오름차순으로 글자는 가나다 순으로 암기해야 한다.
14.선택 (Canellation)	CA	아동은 제한시간 내에 무선으로 배열된 그림과 일렬로 배열된 그림을 훑어 보고 표적 그림에 표시해야 한다.
15. 이해 (Comprehesion)	CO	아동은 일반적인 원칙과 사회적 상황에 대한 이해에 근거해 질문에 답해야 한다.
16. 산수 (Arithmetic)	AR	아동은 제한시간 내에 그림 문항과 말하기 문항으로 구성된 산수 문제를 암산으로 풀어야 한다.

*는 새로 추가된 검사

전체 IQ를 얻기 위해 허용되는 대체

전체 IQ 소검사	대체 소검사
공통성	상식/이해
어휘	상식/이해
토막짜기	퍼즐
행렬추리	공통그림찾기
무게비교	공통그림찾기/산수
숫자	그림기억/순차연결
기호쓰기	동형찾기/선택

※ 다른 소검사로 대체할 경우 추가적인 측정 오류가 생길 수 있어 소검사 대체는 단 한 번만 허용

실시 시간

- 10개의 기본 소검사를 실시해 5개의 기본지표점수를 얻기 위한 평균 실시 시간은 약 65분
- 7개의 전체 IQ 소검사를 실시해 전체 IQ를 얻는 데 걸리는 평균 시간은 48분

5판의 변화된 사항

- 전반적인 지적 능력(즉 전체 IQ)의 구조가 변화했으며 전체 IQ를 구성하는 소검사가 7개로 수정되면서 전체 IQ를 산출하는 데 소요되는 시간 단축
- 구조적으로 변화한 전체 IQ(FSIQ)와 5가지 기본지표점수(언어이해, 시공간, 유동추론, 작업기억, 처리속도)와 5가지 추가지표점수(양적추론, 청각작업기억, 비언어, 일반능력, 인지효율)를 제공
- 인지능력에서 좀 더 독립적인 영역에 대한 아동의 수행을 나타내줄 수 있는 지표점수(예: 시공간지표와 유동추론지표)와 처리점수(예: 토막짜기 소검사의 부분처리점수)를 추가적으로 제공
- 유동적 추론의 측정을 강화하는 새로운 3개의 소검사(무게비교, 퍼즐, 그림기억)가 추가
- 4판에서의 13개 소검사(토막, 공통성, 행렬추리, 숫자, 기호쓰기, 어휘, 동형찾기, 상식, 공통그림찾기, 순차연결, 선택, 이해, 산수)가 유지되었지만 소검사의 실시 및 채점절차 수정*

새로 추가된 소검사

무게비교

- 아동이 제한시간 내에 양쪽 무게가 달라 균형이 맞지 않는 저울 그림을 보고 균형을 유지할 수 있는 보기를 찾는 과제
- 유동추론 능력을 측정

퍼즐

- 완성된 퍼즐을 보고 제한시간 내에 퍼즐을 재구성할 수 있는 3개의 조각을 선택하는 과제
- 퍼즐은 시각처리 능력을 평가

그림기억

- 제한시간 내에 1개 이상의 그림이 있는 자극 페이지를 본 후, 반응 페이지에 있는 보기에서 해당 그림을 (가능한 한) 순서대로 찾아내는 과제
- 작업기억 능력을 측정하는데 청각작업기억뿐만 아니라 시각작업기억도 평가

- 출처: 인싸이트(inpsyt.co.kr)

숫자(일부 검사 추가)

- 바로와 거꾸로 따라하기 외에 '숫자 순서대로 따라하기' 과제가 새롭게 추가

- 작업기억을 더 세부적으로 측정할 수 있게 됨

  예] 1 5 4 8 → 1 4 5 8(순서에 맞지 않은 숫자를 불러주면 작은 수부터 순서대로 나열하기)

참고 문헌

- 곽금주, 『K-WISC-V 이해와 해석』, 학지사, 2021

- 곽금주·장승민, 『K-WISC-V 실시와 채점지침서』, 2019

- 김도연·옥정·김현미, 『K-WISC-IV의 이해와 실제』, 시그마프레스, 2016

- 김영환, 『임상심리학 원론』, 하나의학사, 1993

- 김중술, 『다면적 인성검사』, 서울대학교 출판부, 2004

- 데이비드 스텟 저/정태연 역, 『심리학 용어 사전』, 도서출판 끌리오, 1999

- 박소진, 『영화 속 심리학 1』, 소울메이트, 2014

- 박소진, 『영화 속 심리학 2』, 소울메이트, 2015

- 박소진·손금옥·김익수, 『인지상담의 이해와 실제』, 학지사, 2019

- 박영숙, 『심리평가의 실제』, 하나의학사, 1998

- 신민섭, 『그림을 통한 아동의 진단과 이해』, 학지사, 2007

- 윤가현 외, 『심리학의 이해』, 학지사, 2012

- 이우경·이원혜, 『심리평가의 최신 흐름』, 학지사, 2019

- 장 라플랑슈·장 베르트랑 퐁탈리스 공저/임진수 역, 『정신분석 사전』, 열린책들, 2005

- 정종진, 『BGT 심리진단법』, 학지사, 2003

- 줄리안 로덴스타인 편/이지연·현채승 공역, 『사이코북』, 파라북스, 2017

- 최정윤, 『심리검사의 이해』, 시그마프레스, 2019

- Norman Reichenberg·Alan J. Raphael 공저/최성진 역, 『성인과 아동을 위한 BGT 정신역동적 해석』, 박영스토리, 2015

- APA, 『정신질환의 진단 및 통계 편람』, 학지사, 2013

- E. Bruce Goldstein 저/곽호완 외 역, 『감각 및 지각 심리학』, 박학사, 2015

- Elizabeth Munsterberg Koppitz, Ph.D.View all authors and affiliations, 'Bender Gestalt Test, Visual Aural Digit Span Test and Reading Achievemen: Volume 8, Issue 3, 1975

- John R. Graham 저/이훈진 외 역, 『MMPI-2 성격 및 정신병리 평가』, 시그마프레스, 2008

- Psychodiguostics and Personality Assessanent A handlook, by Donald P. Ogdon. Phd.

사람의 마음을 읽는법

초판 1쇄 발행 2023년 9월 14일

지은이 박소진
펴낸곳 믹스커피
펴낸이 오운영
경영총괄 박종명
편집 최윤정 김형욱 이광민 김슬기
디자인 윤지예 이영재
마케팅 문준영 이지은 박미애
디지털콘텐츠 안태정
등록번호 제2018-000146호(2018년 1월 23일)
주소 04091 서울시 마포구 토정로 222 한국출판콘텐츠센터 319호 (신수동)
전화 (02)719-7735 | **팩스** (02)719-7736
이메일 onobooks2018@naver.com | **블로그** blog.naver.com/onobooks2018
값 18,000원
ISBN 979-11-7043-449-8 03180